ars vivendi

Emscher-Touren

In 5 Tagen mit dem Fahrrad durch den Pott

Ein ars vivendi Freizeitführer

Bei der Realisierung dieses Buches ließen wir größtmögliche Sorgfalt walten. Falls dennoch Informationen falsch oder inzwischen überholt sein sollten, bedauern wir dies, können aber auf keinen Fall eine Haftung übernehmen.

Korrekturvorschläge und Anmerkungen an: m.haid@arsvivendiverlag.de

Bildnachweis:
S. 42: © Wikimedia Commons/Mathias Bigge; S. 66 u. S. 182: Johannes Wilkes; S. 195: © Emschergenossenschaft, Fotoarchiv; S. 200: © Wikimedia Commons/Andreas Praefcke.
Alle übrigen Fotografien stammen von Rainer Götzfried.

Erste Auflage 2020

Bauhof 1, 90556 Cadolzburg

www.arsvivendi.com

Cover und Illustrationen:
Designbüro Franziska Mariella Schatz, franziskaschatz.com
Umschlag, Satz und Karte zum Emscherverlauf:
Christine Richert, www.typoholica.de
Liniennetzplan: © Verkehrsverbund Rhein-Ruhr AöR
Druck: Impress Media GmbH, Mönchengladbach
ISBN 978-3-7472-0198-5

Inhalt

Dritter Reisetag: durch das Herz des Ruhrpotts

Vierter Reisetag: durch den westlichen Ruhrpott (von Gelsenkirchen nach Oberhausen)

Fünfter Reisetag: von Oberhausen zum Niederrhein, zur Mündung

Vorwort

Ein Schalke-Fan und ein Fan des BVB gemeinsam auf Tour. Kann das gutgehen? Die beiden haben sich vorgenommen, den vielleicht seltsamsten Fluss Europas zu bereisen, die Emscher.

Seien wir ehrlich: Die Emscher war bereits klinisch tot, eine Flussleiche. Aus dem vor der Industrialisierung so unschuldig durchs Grüne mäandernden Wasserlauf haben die Menschen einen giftigen Abwasserkanal gemacht, eine Kloake, aus der jedes Leben gewichen ist. Nun aber bricht ein neues Zeitalter für den Ruhrpott an. Im Herbst 2018 wurde das letzte Stück Kohle gefördert. Was wird nun aus der Emscher? Zeit für eine Besichtigungstour.

Die beiden waschechten Ruhris, geboren, als der Pott noch rauchte, hat es in die Welt verschlagen. Nun machen sie sich auf den Weg, den Fluss ihrer Kindheit zu erkunden. Sie werfen sich in gelbe Warnwesten, stülpen sich die Helme auf ihre westfälischen Dickschädel und schwingen sich aufs Rad, bewaffnet mit Laptop und Fotoapparat. Die Geschichte der Emscher, sie soll neu erzählt werden.

Erster Reisetag: die junge Emscher

Der Quellteich der Emscher

Erster Reisetag: die junge Emscher

Allem Anfang wohnt ein Zauber inne: Das Quellgebiet der Emscher am Rande des Ruhrpotts ist pure ländliche Idylle. Im Quelltopf spiegelt sich das Fachwerk des Lünschermannshofs, wir fahren durch blühende Wiesen, begegnen den Anfängen des Bergbaus, halten an der ersten Trinkhalle der Emscher, treffen den Retter von Aplerbeck und staunen über ein altes Wasserschloss.

Die Quelle am Lünschermannshof

Wer zur Quelle der Emscher will, muss bei Holzwickede den Haarstrang hinauf. Haarstrang – uns gefällt der Name des niedrigen Hügelzugs, der von Westen kommend das Ardeygebirge verlängert, um sich in den fruchtbaren Hellwegbörden zwischen Äckern und Feldern zu verlieren. Der Haarstrang trennt das Ruhrtal im Süden von der Stadt Dortmund im Norden. Nicht nur der Name ist poetisch, poetisch ist auch die Landschaft, und je näher man der Quelle kommt, desto poetischer wird sie.

Leuchtend gelber Raps und kleine Wälder säumen den Weg, Apfelbäume blühen an den Wiesen, es wird immer grüner, bis man vor einem stattlichen Fachwerkbau steht, dem Lünschermannshof. Die letzten Meter zur Quelle muss man zu Fuß gehen.

Wir stellen unsere Räder ab und betreten ein kleines Paradies. Aus einem versteckten Teich schickt eine umgestürzte Weide ihre frischen Triebe in den Abendhimmel, und ringsherum breitet sich der Waldmeister aus. Über Holzdielen geht es um den Hof herum, in die Planken eingelassene Sprüche bereiten einen auf das Thema Wasser vor.

»Das Wasser ist das Schiff der Seele«, sagt Al-Djiznaatu Al Adab, und Goethe stellt fest: »Alles ist aus dem Wasser entsprungen, alles wird durch das Wasser erhalten.« Und dann stehen wir vor dem Quellteich. Ein Teppich aus weißen Blütenblättern treibt auf den Wellen; Kirschen und Weißdorne, vielleicht auch die Kastanien haben es kräftig schneien lassen. Stattliche Bäume halten schützend ihre Zweige über die Quelle und spenden ihr Schatten.

Von Zeit zu Zeit soll ein hübsches Frauengesicht im Quellwasser auftauchen, erfahren wir, das Antlitz der Emrizza, einer reichen, aber hartherzigen Frau, die kein Mitleid mit den notleidenden Menschen aus Holzwickede hatte. Ein himmlischer Geist habe ihr deshalb prophezeit: »Was du im Leben versäumt hast, wirst du nach deinem Tode gutmachen.« Und so warnt Emrizza die Holzwickeder seit vielen hundert Jahren vor Bränden. Erscheint ihr Gesicht in der Emscherquelle, sollte man tags drauf die Löscheimer füllen oder das Haltbarkeitsdatum seines Feuerlöschers überprüfen.

»Ein früher Brandmelder, die Dame.«

»Praktische Sache.«

Neugierig betrachten wir die gekräuselte Wasseroberfläche.

»50 Liter schüttet die Quelle in der Minute, durchschnittlich natürlich.«

50 Liter in der Minute? Das wäre in der Sekunde ungefähr eine Sprudelflasche. Gar nicht mal so schlecht.

Im Jahr 1824 hatte der preußische König Landvermesser in seine neuen westfälischen Provinzen geschickt. Die Männer folgten auch dem Lauf der Emscher, um deren Quelle zu kartieren. So kamen sie schließlich nach Holzwickede und zu dem Schluss: Die Emscher sprudelt am Lünschermannshof aus der Erde, den man flugs Emscherquellhof taufte. So steht es amtlich im Kataster. Eine junge Frau aber, die ihren Hund an die Leine legt, lacht uns aus.

»Dat is gar nich die echte Quelle vonne Emscher. Die is

hinten in dat Wäldken. Lohnt aber nich, is ’ne olle Modderpfütze.«

Mit westfälischem Witz hatte die Emscher den preußischen Kartografen einen Streich gespielt. Versteckt entspringt sie im Hixterwald, einige Hundert Meter südwestlich der offiziellen Quelle.

Gewitztheit scheint ihr in die Wiege gelegt, auch nach dem Passieren des Quellhofs hält sie sich an keine Regeln. Kaum ist sie am Hof vorbeigeplätschert und hat sich mit zusätzlichen Wassern für ihren Weg gestärkt, hat sie nichts Eiligeres zu tun, als zur Hälfte wieder zu verschwinden. Wie die junge Donau, so versickert auch die Emscher in der Erde, dringt durch Spalten und Klüfte in den löchrigen Boden, um erst nach einer hübschen Weile auf verborgenen Wegen wieder ans Tageslicht zu kommen und sich mit ihrer oberirdischen Hälfte zu vereinigen. Fast scheint es, als habe die Emscher ihr Lebensmotto schon auf den ersten Metern festgelegt: halb im Licht und halb im Schatten. Ein nicht geringer Teil von ihr wird bis heute für immer unsichtbar bleiben.

Bevor wir aufbrechen, werfen wir noch einen Blick auf den aufwendig renovierten Fachwerkhof. Das Einzige, das die schwarz-weiße Harmonie stört, ist eine Stelle zwischen den Balken, an der der Putz herausgefallen ist. Ein Erdbeben? Böse Buben? Pfusch am Bau? Weder noch. Eine kleine Tafel erklärt uns den Grund. Man will mit dem nackten Feld die Architektur des Fachwerks demonstrieren.

»Wär auch schön ordentlich kaputt«, bemerkt Rainer.

Holzwickede: die Quellstadt

Wir schwingen uns wieder auf die Räder, wobei wir dem Symbol des Emscherradwegs folgen: ein geschlängeltes Weiß auf blauem Grund, im Hintergrund ein Förderturm.

Nach wenigen Hundert Metern erreichen wir ein hohes Holzgestell, drei lange Pfosten, die das Gerüst für einen Seilzug bilden. Sie umstehen einen historischen Schacht, der senkrecht in die Tiefe führt. Die erklärende Tafel aber gesteht, dass aus diesem Schacht nie Kohle gefördert wurde, mit dem primitiven Förderturm wolle man nur das Prinzip des frühen Bergbaus demonstrieren, als an manchen Stellen mit Kohle gefüllte Eimer ans Tageslicht befördert worden waren. Der Schacht hier diente einst Belüftungszwecken, war ein sogenannter Wetterschacht.

Zeche Margaretha wurde gegründet, als sich Goethe, unser eben zitierter Wasserexperte, noch im besten Kindergartenalter befand. Von 1754 bis 1902 hat man in der Zeche Margaretha nach schwarzem Gold geschürft, dann war Schicht im Schacht. Wir staunen nicht schlecht. Der Kohleabbau im Revier kann auf eine stolze Tradition zurückblicken.

Schon in ihren Anfangsgründen ist die Emscher also von Kohle umgeben. Hier in Holzwickede, dem Kreißsaal der Emscher, findet man noch zahlreiche weitere Hinweise auf frühe Zechenanlagen. Es gibt ein Mundloch zu besichtigen, den an einem Abhang gelegenen horizontalen Eingang zu einem Bergwerk, auch finden sich noch kleine, längst überwucherte Halden und sogenannte Pingen, Bodenvertiefungen, die auf Bergsenkungen zurückzuführen sind, ein Lehrpfad berichtet von weiteren berggeschichtlichen Orten.

Sehr tief mussten die Kumpel anfangs nicht graben. Auf dem Haarstrang, am Rande des Rheinischen Schiefergebirges, stieß der nach Norden driftende Gondwana-Kontinent vor vielen Hundert Millionen Jahren auf den

Zeche Margaretha, historischer Förderturm

Old-Red-Kontinent, wodurch sich der über 10.000 Meter mächtige Gesteinsstapel in Falten zu legen begann. Das flözführende Karbon brach an die Oberfläche, um Richtung Norden immer tiefer im Boden zu versinken.

»In der Schule hat man uns erzählt, ein Hirtenjunge habe seine Schafe auf dem Haarstrang geweidet. Als er um seine Feuerstelle einige dunkle Steine legte, fingen diese plötzlich an zu glühen. So sei das Geheimnis der Kohle entdeckt worden.«

»Man hat die Steinkohle also tatsächlich im Tagebau schürfen können.«

»Zumindest eine Zeit lang. Aus dem Jahr 1302 existiert eine Urkunde, welche die Schenkung eines bei Dortmund gelegenen Hauses samt ›Kohlengrafften‹, beschreibt, worunter man Kohlegruben verstanden hat. Aber vermutlich hat man im Emscherland schon viel früher nach Kohle gegraben.«

Die Kohle war ihr Schatz und zugleich ihr Schicksal. Ohne die Kohle wäre es der Emscher nicht so dreckig ergangen.

Auf verschlungenen Pfaden rollen wir nun den Haarstrang hinunter Richtung Norden, linker Hand präsentiert sich überraschend grün die Stadt Dortmund, in der Ferne sehen wir das Münsterland liegen. Markant grüßt aus dem Westfalenpark der Fernsehturm, »Florian« genannt, bei seiner Errichtung 1959 das höchste Bauwerk Deutschlands. Wer sich oben an einen Tisch setzte, konnte das Ruhrgebiet bei einem Bierchen von allen Seiten betrachten, im ersten Drehrestaurant der Welt. Seit 2015 ist es leider geschlossen. Wir werden noch in seine Nähe kommen, am »Florian« vorbei schlängelt sich die Emscher Richtung Westen.

Wie lang ist die Emscher eigentlich?

Gute 83 Kilometer. 83 Kilometer und hundert Meter, um genau zu sein. So lang ist die Emscher heute. Das war nicht immer so. Bevor mit dem schwarzen Goldrausch das große Buddeln begann, durfte sich die Emscher bequem durch die Wiesen schlängeln, mehr als 25 Kilometer kamen durch die Schleifen zusammen, wodurch sie einmal zur stolzen Riege der 100-Kilometer-Flüsse gehörte.

Mit der Kanalisierung hat man sie zugleich begradigt und damit ihren Lauf verkürzt, allerdings hat man dem arg malträtierten Fluss an seinem Ende ein paar zusätzliche Kilometer spendiert, um das Gefälle zu steigern. Die Emscher ist nämlich nicht sehr gefällig, womit wir bei der Höhendifferenz wären. Manche Quellen sprechen von 122 Höhenmetern zwischen Quelle und Mündung, andere von 123 Metern. Wir beschließen, uns die zweite Variante zu eigen zu machen: 1-2-3 ... das lässt sich einfach besser merken.

Ein paar Fakten zum Emschereinzugsgebiet?

· Größe: 865 Quadratkilometer
· Länge der Emscher inklusive aller Zuflüsse: 340 Kilometer
· Einwohner: 2,2 Millionen

Zügig geht's nun hinein in den Ortskern von Holzwickede. Im Wappen führt die Gemeinde den Hilgenbaum. Die einen sagen, Hilgen seien Zettel mit wichtigen Lokalnachrichten gewesen, die man an den Stamm gepinnt habe, andere sagen, »hilgen« bedeute »heilig«, denn den Germanen sei ihre Eiche heilig gewesen. Die alte Eiche steht nicht mehr, ein Ersatzbaum aber wurde gepflanzt.

Überhaupt sind die Holzwickeder fleißige Gärtner. Sehr gelungen ist der Emscherpark bei der Kirche. Unbegradigt

Lore mit dem schwarzen Gold

darf sich das junge Flüsschen hier seinen Weg suchen, Enten tummeln sich im Wasser – und auf den Rasenflächen die Menschenkinder. Eine Lore ist noch bis zum Rand mit glänzender Kohle gefüllt.

Welche Reize die ursprüngliche Emscher und ihr Tal einmal gehabt haben müssen, davon berichtet uns der mittelalterliche Chronist Beurhaus: »Man genießt daselbst eine recht gesunde Luft und hat vortrefflich klares Wasser.« – Gesunde Luft und vortrefflich klares Wasser! Wer im rauchenden und stinkenden Ruhrpott aufgewachsen ist, kann es nicht glauben. Da muss von einem anderen Fluss die Rede sein. Das Wasser der Emscher vortrefflich klar? Und doch wird es so gewesen sein. Allein die Tiere, die sich in der Emscher getummelt haben sollen: »Hechte, Aale, Bleie und andere Fische, wie auch Krebse.« Der Krebs gibt den Ausschlag. Er krebst nur in absolut sauberen Gewässern herum. Wann wird sich der erste Krebs wieder in die Emscher wagen?

Unser Blick wendet sich vom Emscherbächlein zum Himmel. Auch in den Lüften geht es munter zu. Zunächst halten wir die vielen runden Gebilde in den mächtigen Platanen für Misteln, dann entdecken wir Dutzende von Krähenvögeln in den Zweigen, die runden Gebilde sind wohl ihre Nester.

Wer möchte, kann auf einem Rundwanderweg mehr über die Bergbaugeschichte Holzwickedes erfahren.

Bergbau macht durstig. Wir freuen uns wie Kinder, als wir um die Ecke biegen und noch eine Original-Trinkhalle am Emscherufer entdecken. Sogleich wollen wir das historische Gebäude fotografieren, was jedoch dazu führt, dass sich der Wirt ungeheuer aufregt. In gebrochenem Deutsch fragt er uns, was das soll. Unsere Erklärungen scheinen ihm nicht geheuer. Zwei Männer auf Rädern mit gelben Warnwesten, die Trinkhallen fotografieren, da ist doch etwas faul! Auf die Wiedergabe dieses Fotos müssen wir leider verzichten; nach einer Genehmigung für den Abdruck zu fragen, haben wir uns nicht getraut, und außerdem haben wir gar nicht fotografiert.

Gleich hinter Holzwickede kreuzen wir die Grenze und haben nun Dortmunder Boden unter den Reifen, genauer den Ortsteil Sölde. Ein Verkehrsschild warnt mit einem dramatischen Piktogramm vor den Gefahren der jungen Emscher. Wir beschließen, vorsichtig zu sein. Vielleicht hätten wir außer den gelben Warnwesten auch Schwimmwesten überziehen sollen. Atemschutzmasken jedoch braucht zum Glück niemand mehr, der sich der Emscher nähert. Das haben wir vor allem der Emschergenossenschaft zu verdanken.

Die Emscher – wild and furious

Die Emschergenossenschaft

Warum muss es oft erst zu einer Katastrophe kommen? Im Jahr 1901 starben in Gelsenkirchen über 500 Menschen an Typhus. Grund der Epidemie war das verdreckte Trinkwasser. Von den Menschen verseucht, vergiftete die Emscher wiederum den Menschen. Das Massensterben bewegte die Verantwortlichen. Schnell war klar, um sauberes Trinkwasser zu garantieren, brauchte man eine Organisation, die über die Stadtgrenzen hinaus arbeitete.

Im Jahr 1904 erließ das Land Preußen, zu dem das Ruhrgebiet seit 1815 gehörte, das sogenannte Emschergesetz als öffentlich-rechtliche Zwangsgenossenschaft. Alle betroffenen Städte und Landkreise und die Bergbauunternehmen wurden zur Mitgliedschaft und zur Zahlung ihrer Beiträge verpflichtet. Das war der entscheidende Anstoß für die Emschergenossenschaft, die sich 1899 als erster deutscher Wasserwirtschaftsverband gegründet hatte.

Man begann, die Emscher und ihre Zuflüsse zu einem sicheren Abwassersystem auszubauen, zugleich die verdreckten Kloaken trockenzulegen und die Gebiete zu schützen, die von Flutungen bedroht waren, senkte sich die Erde im Ruhrgebiet doch immer weiter. Dadurch war Schluss mit dem Typhus.

Die Verwandlung der Emscher zu einem Abwasserkanal ist also, so seltsam das klingt, durchaus ein Segen für die Menschen gewesen, ein noch größerer Segen aber ist die Rückverwandlung der Emscher in einen sauberen Flusslauf. Auch dafür ist die Emschergenossenschaft verantwortlich.

Wie aber sollte man bei der Renaturierung vorgehen? Alle Zuflüsse vor der Einleitung in die Emscher zu klären erschien den Verantwortlichen wohl utopisch. Man entschied sich für einen anderen Weg: Tief unter dem Emschertal verlegte man riesige Abwasserrohre, in denen man das Schmutzwasser sammelt und zu großen Klärwerken weiterleitet, bevor man es wieder in die Emscher und den Rhein entlässt. So kommt es, dass die dreckige Hälfte des Emscherwassers unterirdisch fließt und nur das saubere Wasser im Flussbett plätschern darf.

Dortmund-Sölde: mit Emscherwasser getauft

Wir erreichen eine Kreuzung und schlagen unseren Stadtplan auf. Bevor wir die Marienkirche finden, ruft jemand: »Kann ich helfen?« Ein kleiner Junge, höchstens sieben Jahre alt, steht auf der anderen Straßenseite und blickt uns freundlich an. Wir sind überrascht. Sehr aufmerksam! Tatsächlich weist uns der Knirps nach kurzem Überlegen auch die Richtung und zwar die richtige.

Kurz darauf grüßt uns ein hoher, aluminiumverkleideter Turm mit einem Hahn auf der Spitze, daneben die Sankt-Marien-Kirche. Hier bin ich getauft worden, fast 60 Jahre ist das jetzt her. Den Taufstein bekomme ich nicht zu Gesicht, die Kirche ist verschlossen. Ob man mich mit Emscherwasser getauft hat, wage ich zu bezweifeln. Was war die Emscher schon anderes als eine stinkende Kloake, und das nicht erst seit den 1960er-Jahren!

»Der schöne, liebliche Emscherfluss von damals ist vollständig verschlammt und voller Morast, eine dunkle, chaotische, jauchige stinkende Masse kriecht träge durch das Emscherbett dahin, und fortwährend aufsteigende Blasen verpesten mit ihren verderblichen Hauchen fortwährend die Luft …« Drastisch, aber sicher nicht übertrieben schilderte eine frühe Bürgerinitiative den Zustand an der Emscher dem verantwortlichen preußischen Landtag.

1882 bereits haben die Bürger die Nase voll und zählen auf, was so alles das Wasser verpestet: »Kot und Dünger, Küchenabfälle, Kehricht, Schutt, Asche, feuer- und explosionsgefährliche Stoffe.« Der preußische Landtag scheint nicht besonders beeindruckt gewesen zu sein, es wurde eher noch schlimmer. Nun aber ist ein neues Zeitalter für die Emscher eingeläutet. Wir sind gespannt darauf, wo ihre Rettung schon gelungen ist. Auf geht's nach Aplerbeck!

Dortmund-Aplerbeck: der Mittelpunkt von NRW

Uns entgegen, also von Aplerbeck nach Sölde, radelte am 12. April 1945 ein Mann, dem Aplerbeck unendlich viel zu verdanken hat.

Die mutigen Männer von Aplerbeck

Es sind die letzten Tage des Zweiten Weltkriegs. Die Amerikaner haben Sölde eingenommen, wollen mit ihren Panzern nach Aplerbeck vorstoßen. Ergibt sich Aplerbeck nicht, soll es mit Granaten dem Erdboden gleichgemacht werden. Ein Geschoss ist bereits abgefeuert worden, 30 Menschen hat es das Leben gekostet. Die Lage der Deutschen ist aussichtslos, der Krieg ist verloren. Dennoch gibt es ein paar Unverbesserliche, die bis zum letzten Blutstropfen kämpfen wollen, NS-Leute, die immer noch vom Endsieg träumen.

Als Friedrich Möllenhoff, Leiter der Verwaltungsstelle und gläubiger Christ, die weiße Fahne auf dem Amtshaus hissen will, wird er von einem Nazi-Offizier mit der Waffe bedroht. Dennoch klettert Möllenhoff aufs Dach. Ob die Amerikaner jedoch das Zeichen der Kapitulation erkennen? Ob sie Aplerbeck verschonen?

Ein Mann will auf Nummer sicher gehen, Anton Kalt. Das Amtshaus ist vielleicht zu niedrig, wer weiß, vielleicht fällt den Amerikanern die weiße Fahne gar nicht auf. Zusammen mit einem Freund überzeugt Anton Kalt den Küster der Großen Kirche, ein Laken vom Kirchturm wehen zu lassen. Dann schwingt er sich auf sein Rad und fährt den Panzern entgegen.

Anton Kalt hat im Bergwerk geschuftet und ebenso auf der Aplerbecker Hütte. Wie sein Vater war auch er ein überzeugter Kommunist, hatte beim Ruhraufstand mitgekämpft und wurde mit der Machtergreifung der Nazis ins KZ gesteckt. Mit viel Glück hatte er das Lager überlebt, wurde als wehrunwürdig befunden und unter Tage geschickt. Sein ganzes Leben hat sich Anton Kalt für die Rechte der Malocher eingesetzt, mit Energie und mit Witz. Mit einem Kasperltheater hat er die Regierenden verulkt und ihre Verlogenheit demaskiert. Und nun, wo der Nazi-Spuk endlich zu Ende geht, soll Aplerbeck zerbombt werden? Das kann, das darf nicht sein!

Gestern noch hat Anton Kalt unter Einsatz seines Lebens mit Freunden zusammen Sprengladungen von der Aplerbecker Brücken entfernt, um deren sinnlose Zerstörung zu verhindern, nun eilt er auf seinem Fahrrad die Emscher hinauf den Amerikanern entgegen. Er kommt gerade noch rechtzeitig in Sölde an. Glaubhaft kann er dem US-Kommandanten versichern, dass Aplerbeck sich kampflos ergibt. Kein Schuss fällt. Die Menschen sind gerettet.

Für seine Tat wurde Anton Kalt von den Amerikanern zum neuen Ortsbürgermeister erklärt. Allerdings hatte er das Amt nur wenige Wochen inne, den neuen Herren, den Engländern, war ein Kommunist suspekt. Trotz seiner politischen Einstellung – die KPD wurde 1956 verboten – machte man Anton Kalt, den Retter von Aplerbeck, zum Chef des Städtischen Fuhrparks.

Zwischen Dortmund-Sölde und Dortmund-Aplerbeck läuft die Emscher gebändigt zwischen hohen Deichen, ein Querwerk kann ihr bei Bedarf den Weg versperren und aus ihr einen Stausee machen. Kann es wirklich sein, dass die Emscher bereits in ihren Kinderschuhen bei Regenwetter zu einem gefährlichen Strom anschwillt? Anscheinend. Aus Jux und Tollerei wird man den Aufwand eines Wehres nicht betrieben haben. Heute aber kann die Emscher das Stauwerk fröhlich passieren, ihr aktueller Wasserstand jagt keinem mehr Furcht ein.

Mit Aplerbeck haben wir den Mittelpunkt des Bundeslandes NRW erreicht, zumindest den planimetrischen. Würde man Nordrhein-Westfalen aus einer Deutschlandkarte ausschneiden und so auf eine Nadelspitze legen, dass NRW zu schweben beginnt, dann wiese die Nadelspitze genau auf Aplerbeck.

Stauwerk bei Sölde

Interessanterweise bedeutet der Name Aplerbeck nichts anderes als Apfelbach. Ob damit die Emscher gemeint war? Apfelbach, auch ein hübscher Name.

Aplerbeck hat eine lange Geschichte, bereits 899 wurde es in einer Stiftungsurkunde erwähnt. Seine Selbstständigkeit verlor es 1929, als es nach Dortmund eingemeindet wurde. Über den Pott hinaus ist Aplerbeck für seine psychiatrischen Kliniken bekannt.

Auf dem Marktplatz stehen zwei bärtige Bronzemänner. Ihre Kutten verschmelzen, sodass sie eine Einheit bilden.

Die Brüder Ewaldi

Den alten Westfalen das Christentum beizubringen war keine einfache Sache. Der Westfale ist ein konservativer Mensch und hält den Traditionen der Väter die Treue. So sahen es auch die Aplerbecker nicht ein, warum Wodan und all die anderen Schutzgötter ihrer schönen Heimat plötzlich ausgedient haben sollten, bloß weil dahergelaufene Männer, und dann auch noch Mönche aus England, behaupteten, es gebe nur einen einzigen Gott und der habe seinen Sohn im fernen Palästina auf die Welt geschickt, wo man ihn gekreuzigt hat.

Der eine der beiden Ewalde, so der Name der englischen Mönche, hatte schwarzes Haar, der andere weißes. Dennoch hielt man sie für Brüder, vielleicht waren es auch welche. Hatten die Missionare schon im Münsterland und am Hellweg für ihren Glauben geworben, so müssen sie in Aplerbeck weniger gut angekommen sein, denn als die Mönche partout nicht damit aufhören wollten, über die alten Götter zu schimpfen, wurden die Aplerbecker wütend, gingen auf die christlichen Brüder los und erschlugen sie. An einem dritten Oktober zwischen 691 und 693 soll sich die Bluttat ereignet haben.

Natürlich sind die Aplerbecker wenig später zur Vernunft gekommen und haben wie alle Westfalen brav das Christentum angenommen, wenngleich noch Heinrich Heine spotten sollte, sie hätten die Statuen ihrer alten Götter nur heimlich im Feld vergraben und der Vater würde dem Sohn deren Geheimnis bis heute auf dem Sterbebett anvertrauen.

Im Abendlicht sehen wir ein Wasserschloss liegen. Hier wollen wir morgen unsere Reise fortsetzen. Jetzt ist Zeit, zu Abend zu essen, dann geht's in die Klappe.

Haus Rodenberg – Wasserschlossromantik

Zweiter Reisetag: durch den östlichen Ruhrpott

(von Dortmund bis Castrop)

Und silbern plätschert die Emscher

Zweiter Reisetag: durch den östlichen Ruhrpott (von Dortmund bis Castrop)

Am zweiten Reisetag geht es durch Dortmund – und doch wieder nicht. Die Dortmunder haben es gescheut, nah am Wasser zu bauen, so schlägt die Emscher einen weiten südlichen Bogen um die Innenstadt. Wir strampeln am Ufer des grandiosen Phoenix-Sees vorbei, begegnen dem Feurigen Elias, staunen über die Hütten der Stahlkocher, stehen plötzlich vor einer mittelalterlichen Kirche und kehren im lauschigen Ortskern von Mengede ein; wir treffen den treuesten Begleiter der Emscher, den Rhein-Herne-Kanal, bewundern die feine Industriekultur des Schiffshebewerks Henrichenburg und nächtigen auf dem Gelände eines alten Koksbarons.

Dortmund-Aplerbeck: die Feldchenbahnbrücke und das Nagelpötchen in Schüren

Am Aplerbecker Haus Rodenberg starten wir in den Tag. Die Stadt Dortmund hat das prächtige Wasserschloss, dessen Geschichte bis ins 13. Jahrhundert zurückgeht, 1985 von der Adelsfamilie erworben, es aufwendig instand gesetzt und für die Öffentlichkeit zur Verfügung gestellt.

Schön ist auch der Mühlteich und der angrenzende Park, in dem zahlreiche Kunstwerke zu bewundern sind. Hinter dem Schloss grüßt ein fantasievolles Stadthaus, das vom Zeichentisch Friedrich Hundertwassers stammen könnte. Hier nimmt uns das Ufer der Emscher wieder auf, wir folgen ihr auf verschlungenen Wegen und gelangen zu einer historischen Brücke.

Die Feldchenbahnbrücke schwingt sich mit fünf Bögen über das Tal. Sie ist eine der zahlreichen Bahnstrecken im Ruhrpott, die man als reine Zechenbahn errichtet hat, in diesem Fall, um die Aplerbecker Zeche Vereinigte Schürbank & Charlottenburg anzubinden. An dieser Brücke ist zu erkennen, welche Mühe sich einst Architekten selbst bei der Errichtung von schlichten Funktionsbauten gegeben haben. Mit ihrer Backsteinoptik und den angebrachten Augen hat sich die Feldchenbahnbrücke bis heute ihre Anmut bewahrt.

Ein paar Tropfen beginnen zu fallen – ins Wasser der Emscher malen sie lustige Kreise. Grün und dicht bewachsen sind die Emscherufer. Rainer überrascht mich mit seinen botanischen Kenntnissen. Wilde Erdbeeren blühen am Hang, und die Pflanze mit den weitausladenden gezackten Blättern sei Bärenklau. Ich, der sich mit Grünzeug wenig auskennt und allenfalls ein Gänseblümchen von einem Löwenzahn

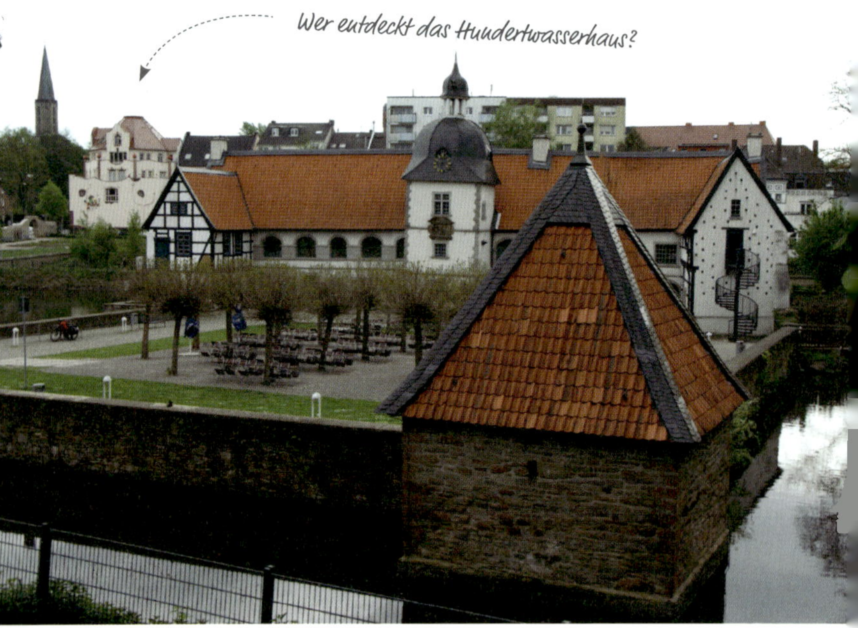

Die Feldchenbahnbrücke

unterscheiden kann, überprüfe mit den neuen elektronischen Möglichkeiten, der Handy-App *Pl@ntNet*, einer Pflanzenbestimmerin.

Tatsächlich! Rainer hat recht. Das ist Bärenklau, kaukasischer sogar, auf welche Weise es der Klau auch immer vom Kaukasus an die Emscher geschafft haben mag. Wie wär's mit dem Zungenbrecher: »Klau keinen kaukasischen Bärenklau«?

Wir bleiben noch ein Weilchen stehen. Zum ersten Mal hören wir die Emscher singen, ein silbernes Plätschern, sehr fein und sehr rein. Hübsch hört sich das an, fast wie bei einem Alpenbächlein.

Um eine Kurve herum erstreckt sich zu unserer Linken ein weites grünes Tal, in dem sich die Natur frei ausbreiten kann, denn das Gelände ist durch Zäune gesichert. Das »Nagelpötchen« ist der perfekte Ort für abenteuerlustige Kinder, um auf Entdeckungstour zu gehen, Kletterkünste vorausgesetzt. Allerdings sollte es zuvor nicht gekübelt haben, denn das künstlich geschaffene Gelände ist ein weiteres Hochwasserrückhaltebecken.

Nicht nur der Emscher scheint es hier zu gefallen, auch eine Entenfamilie fühlt sich pudelwohl. Sechs Küken paddeln ihrer Mutter hinterher, tauchen immer wieder ihre Köpfchen ins Wasser. Welche Leckerbissen wohl darin treiben? Die Enten sind der lebendige Beweis, dass die Renaturierung der Emscher schöne Fortschritte macht.

Dortmund-Hörde: am blauen Phoenix-See

Kurz darauf schiebt sich eine grüne Pyramide in unseren Blick. Der Neue Kaiserberg schaut auf den vielleicht augenfälligsten Beweis für den Strukturwandel im Ruhrgebiet, den Phoenix-See. Glitzernd liegt die Wasserfläche vor uns, kleine bewachsene Inseln spiegeln sich darin und auf den Uferwegen, unterhalb der Villenlandschaft herrscht das lustigste Leben.

Einst rauchte hier eines der größten Stahlwerke der Welt, Phoenix-Ost, Tausende von Arbeitern malochten an den Hochöfen und Walzstraßen. Dann kam die Stahlkrise und mit der Stahlkrise die Chinesen. Sie schraubten und sägten, schweißten und verluden und bald war es verschwunden, das riesige Stahlwerk. Im Reich der Mitte haben es die Chinesen wiederaufgebaut. Vielleicht der erste vorsichtige Schritt in Richtung »Neue Seidenstraße«? Immer noch gibt es ihn also, den guten Phoenixstahl.

»Angeblich hat es schon alte Stahlarbeiter gegeben, die mit ihren Enkeln nach China geflogen sind, um ihnen zu zeigen, wo der Opa einst malocht hat.«

»Na, da kann ich mir 'nen schöneren Urlaub vorstellen.«

»Nostalgie eben. Auch Stahlkocher haben Seele.«

Aber vermutlich hat Rainer recht. Mehr Spaß hätten die Kleinen sicher daran, am Phoenix-See die Enten zu füttern. Warum nicht auch Peking-Enten?

»Schon 'ne ziemlich verrückte Idee, so 'nen See in die Landschaft zu klatschen.«

»Ich bitte um Respekt. Wir stehen vor der Dortmunder Alster.«

An den ansteigenden Ufern leuchtet eine Villa neben der anderen, Bauhausstil, klare Kante mit viel Glas, alle Wohnzimmerfenster schauen zum See hinaus. Angeblich residieren viele Fußballer des BVB in den schnieken Hütten. Nach sozialem Wohnungsbau jedenfalls sieht das nicht aus. Beim Fotografieren kassieren wir den Anschiss eines Rennradfahrers, der es offensichtlich eilig hat: »Meine Güte noch mal!« Also weiter. Wir umkurven Inline-Skater und junge Eltern mit Kinderwagen. Die Kleinen haben Glück, sie dürfen saubere Luft atmen.

Als ich ein Jahr alt wurde, es war das Frühjahr 1962, da sagte mein alter Dortmunder Kinderarzt zu meiner Mutter: »Gucken Se mal, Frau Wilkes, wat ich mit Ihrem Sohn machen kann!« Zum Entsetzen meiner Mutter drückte er mit seinem Daumen eine Delle in meinen Schädel. »Matschebirne«, konstatierte der Doktor, »Rachitis!« Weil die Sonne die Dunstglocke des Reviers nicht durchdringen konnte, kamen keine UV-Strahlen mehr durch. Die Konsequenz: Die Haut konnte kein aktives Vitamin D produzieren, der Knochen blieb weich.

Das passiert heute keinem Ruhrpottkind mehr. Es muss auch nicht mehr, mit einem Pappschild um den Hals, auf dem das Ziel notiert war, am Dortmunder Hauptbahnhof in einen Zug gesteckt werden, der es zu einem Kurheim an der Nordsee brachte. Wie da die Tränen geflossen sind …

Dafür aber erleben die Ruhrpottkinder von heute nicht mehr, was wir erleben durften, ein gigantisches Spektakel,

Vergiss die Alster – hier kommt der Phoenix-See

echte Industrieromantik. Wenn wir als Kinder in einer Winternacht noch einen Gang über die Schwerter Heide machen durften, konnte es passieren, dass der Himmel feuerrot aufflammte. Atemlos blieben wir stehen und starrten in die Himmelsglut, bis sie allmählich erlosch. »Jetzt backen die Engelkes Plätzkes für Weihnachten«, erzählte man uns dann. Ruhrromantik in den 1960er-Jahren. Die Engelkes waren ganz und gar irdische Wesen, und sie buken keine Plätzchen, sondern kochten Stahl, hier in Hörde, wo jetzt der Phoenix-See plätschert.

Am Westufer des Sees glänzt ein Quartier mit höheren Häusern; Restaurants und Eisdielen laden zum Verweilen ein, der weite Platz in der Mitte könnte noch eine Schippe Grün vertragen.

Einen merkwürdigen Kontrast zu den gigantischen Stahlwerken mit ihren Hochöfen, gewaltigen Rohrleitungen und Walzstraßen bildete stets die Hörder Burg, die sich nun in den neuen Stadtteil einfügt. Mit historisierenden Anbauten versehen hatte der alte Adelssitz, dessen Wassergräben einst von der Emscher gespeist worden waren, als Verwaltungsgebäude des Stahlwerks gedient.

Die Anfänge der Hörder Burg gehen ins 12. Jahrhundert zurück, die Fundamente des erhaltenen Burgturms stammen noch aus dieser Zeit und machen deutlich: Das Ruhrgebiet war schon lange vor der Industrialisierung existent.

Die Uferpromenade – »Absteigen, bitte!«, tadelt uns eine Aufsichtsperson – führt zu einer kleinen Insel. Auf ihr erhebt sich ein eisernes Monstrum, das aussieht, als hätte es in einem Science-Fiction-Film mitgewirkt, ein Relikt aus der heißesten Zeit Dortmunds: die Thomasbirne.

Die Hörder Burg – Mittelalter im Pott

Höllenfeuer

Hermann Diedrich Piepenstocks Hütte stand bereits seit 1841 im Schatten der Hörder Burg – kein kleines Häuschen, wie man meinen könnte, sondern ein Werk, in dem Eisen verhüttet wurde. Die nach ihm benannte Hermannshütte wurde 1852 in die erste Aktiengesellschaft des Ruhrpotthüttenwesens umgewandelt. Im Westen von Hörde errichtete das kurz *Hörder Verein* genannte Unternehmen ein neues Werk, um Roheisen zu erzeugen. Am 25. Februar 1854 errötete der Himmel über Dortmund zum ersten Mal, der erste Hochofen war angeblasen. Mühsam waren die Anfänge. Um das Erz mit Holzkohle flüssig zu bekommen, musste ein Arbeiter mit einer Art Paddel in der Suppe rühren, weshalb die ersten Öfen Puddelöfen hießen. Ein Puddler wurde gut bezahlt, kam es doch bei der Qualität des Stahls entscheidend darauf an, die Konsistenz der Eisensuppe richtig einzuschätzen. Die Technik schritt voran, der Puddler wurde überflüssig, das Bessemer-Verfahren wurde eingeführt, dann stellte man sich den Thomaskonverter auf, mit dessen Hilfe man die überflüssigen Schlacken besser abtrennen konnte.

Und der Hunger nach Eisen und Stahl wuchs und wuchs. In Dortmund spezialisierte man sich unter anderem auf die Herstellung von Eisenbahnschienen, Schwierigkeiten aber machte die Aufteilung in die bald nur noch Phoenix-West und Phoenix-Ost genannten Werke. Dazwischen lag das kleine Hörde, immer stärker eingezwängt zwischen die wachsenden Werksanlagen. Wie aber sollte man den flüssigen Stahl von einem Werk ins andere bekommen?

Kein Problem, die Dortmunder sind erfinderisch. Sie bauten eine eigene Werksbahn und füllten die kochenden Stahlsuppe in torpedoförmige Waggons. Die Torpedos konnten sich um die eigene Achse drehen wie ein Betonmischer. So beladen dampfte der »Feurige Elias« mit dem Roheisen von Phoenix-West los, um es in Phoenix-Ost wieder auszulassen.

Bibelfest waren sie, die alten Dortmunder. Wie sonst wäre ihnen der Name »Feuriger Elias« eingefallen? Elias, einer der Propheten des *Alten Testaments*, war am Ende seines Lebens in einem von feurigen Rossen gezogenen Wagen gen Himmel entrückt worden, so steht es im *Buch der Könige*.

»Schade«, sage ich und lege meinen Kopf in den Nacken.

»Schade, was?«

»Schade, dass man auch die Hörder Fackel gelöscht hat!«

Die Hörder Fackel war sensationell. 1963 hatte man auf dem alten Thomasstahlwerk ein supermodernes Oxygenstahlwerk in Betrieb genommen, das Ding aber staubte wie der Teufel. Damit die Hörder Hausfrauen beim Wäscheaufhängen nicht Amok liefen, spendierte man dem neuen Werk einen 98 Meter hohen Schornstein. Durch diesen wurde auch das überflüssige Konverter-Gas geleitet und an der Schornsteinspitze abgefackelt. Die längste Fackel des Ruhr-

Marienkirche: der Altar des Conrad von Soest

gebiets! Meterhoch schoss die Flamme in den Himmel. Was für ein Feuerzeichen! Schade, schade, dass man den Schornstein flachgelegt hat. Die Stadt hatte befürchtet, niemand wolle in der Nähe eines solchen Schlotes wohnen, zumal an den edlen Ufern des Phoenix-Sees.

»Ein Irrtum natürlich! Richtig angestrahlt der absolute Hingucker.«

»Man hätte auch einen Kletterturm draus machen können.«

»… mit Dortmunds längster Rutsche!«

Dortmund-Zentrum: Bier und Hochkultur

Dortmund war einst eine reiche Hansestadt. An der Emscher lag Dortmund allerdings nie, zumindest nicht die mittelalterliche Stadt. Man hatte Respekt vor dem Fluss und seinen Überschwemmungen und ließ die Emscher nicht die Stadtmauern passieren. Dennoch sei jedem Emscher-Reisenden ein Besuch der Dortmunder Innenstadt dringend empfohlen. Zwar haben die Bomben des Zweiten Weltkriegs in die wichtige Industriemetropole besonders schlimme Schneisen geschlagen – so schlimme, dass man ernsthaft erwogen hat, Dortmund an anderer Stelle wiederaufzubauen; auch hat sich die Architektur der Nachkriegszeit nicht immer mit Ruhm bekleckert, noch immer aber gibt es so manchen Schatz zu entdecken.

Zwei Kirchen beherrschen den alten Stadtkern: die Reinoldikirche und südlich davon die Marienkirche. Letztere, eine spätromanische Pfeilerbasilika, die vermutlich aus Kaiser Rotbarts Zeiten stammt, hat man besonders reich mit Kunstschätzen ausgestattet, war die Marienkirche doch zugleich Ratskirche, und die Patrizier der Freien Reichsstadt wollten schließlich jedem zeigen, wie bedeutend sie waren und was man sich leisten konnte. Neben manch anderem Kunstwerk schmücken zwei wertvolle Altäre den Kirchenraum, der Berswordt- und der Marienaltar.

Conrad von Soest

Natürlich hätte er Conrad von Dortmund heißen müssen, ist er doch in Dortmund geboren und gestorben und hat hier seine Meisterwerkstatt betrieben, vermutlich gleich um die Ecke am Ostenhellweg. Vom nahen Soest kam vielleicht sein Vater, deshalb der Name. Conrad ist um 1370 mit Emscherwasser getauft worden, gestorben ist er 1422. Weiter wissen wir, dass er 1394 seine Gertrude heiratete, deren Vater aus Münster stammte und dem dortigen Stiftsadel angehörte. Ihre Hochzeit beurkundeten die Bürgermeister höchstpersönlich. Die im Ehevertrag genannten Sümmchen sind beträchtlich, wir haben uns Conrad und Gertrude als wohlhabende Bürger vorzustellen.
Hundert Jahre vor Albrecht Dürer hat Conrad von Soest Werke geschaffen, deren Qualität durchaus mit der seines berühmten Nürnberger Kollegen mithalten kann. Auch wenn nur wenige Werke erhalten sind, so beweisen diese doch, auf welch hohem Niveau Conrad gearbeitet hat. Allein der Marienaltar! Besonders das mittlere der drei Tafelbilder auf der Vorderseite zieht in den Bann, es stellt die Todesstunde der Gottesmutter dar. Keine verwelkte Greisin liegt da auf dem Totenlager, stattdessen ist Maria in der vollen Schönheit ihrer Jugendjahre abgebildet. Auch versinkt das Bild nicht in düsterer Todestrauer, sondern erstrahlt in farbigem Himmelsglanz.
Geschickt hat der Künstler sechs Engelchen in blauen Gewändern um den Kopf der Sterbenden gruppiert, die sich in rührender Weise Marias annehmen. Ein Engel verschließt ihr mit zarten Fingern den Mund, ein anderer die Augenlider. Marias Antlitz wirkt weich und entspannt, fast wie bei einer Schön-

heitsbehandlung in einem Wellnesstempel. Sie scheint es zu genießen, von den Engelchen verwöhnt zu werden. Einer lupft neugierig ihren Schleier, um sich an ihrem güldenen Lockenhaar zu erfreuen.
Ein Detail im goldenen Hintergrund beweist, dass Conrad nicht nur ein exzellenter Maler war, sondern zudem die Kunst verstand, Blattgold zu punzieren. Zwei durch zarte Zeichnungen angedeutete goldene Engel kommen vom Himmel geflogen, um Maria auf ihrem Weg zu ihrem Sohn zu begleiten. Und auch die anderen Figuren überzeugen durch ihre Lebendigkeit. Brillante, aber geschickt reduzierte Farben, die Körper modelliert durch das Licht – ein Meisterwerk.

Maria im Engelkranz

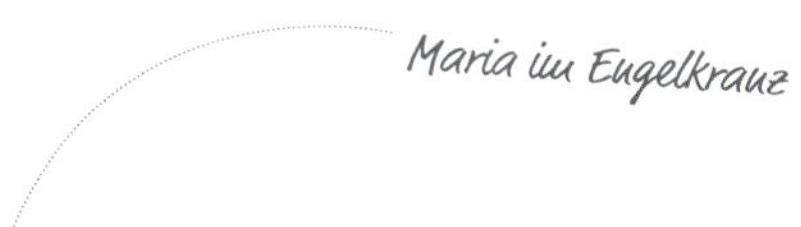

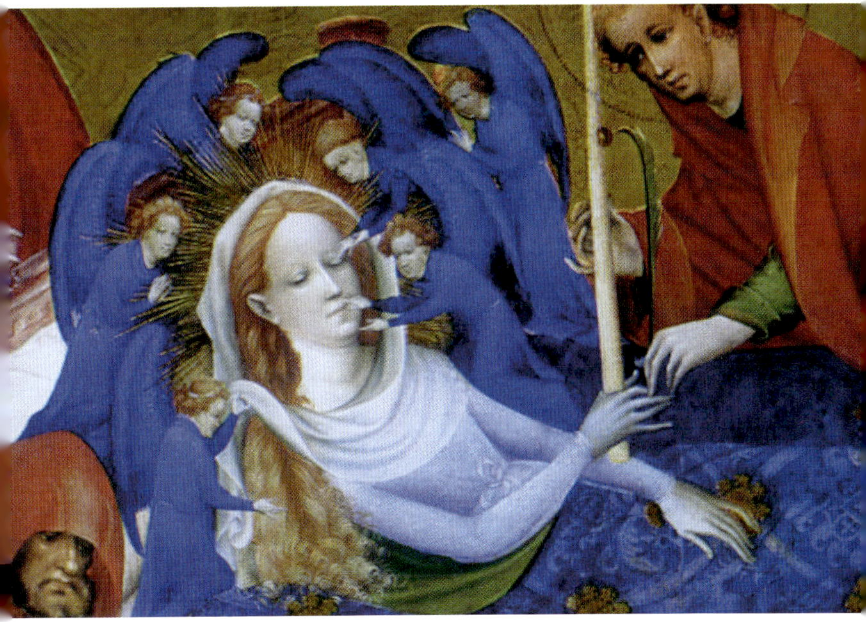

Hochkultur hat in Dortmund weiter ihren Platz. Das moderne Konzerthaus, bewusst in einem Glasscherbenviertel errichtet, hat Maßstäbe gesetzt. Seine Akustik ist so beeindruckend, dass die Star-Geigerin Anne-Sophie Mutter gesagt haben soll, sie würde erst wieder in München auftreten, wenn es dort eine vergleichbare Konzerthalle gäbe.

Über den Dächern der Innenstadt leuchtet ein großes gelbes U. Es ist sehr schlank gestaltet und erinnert an ein Pilsglas, sicher kein Zufall, dient es doch als Firmenzeichen der Union-Brauerei. Das 1926/1927 im Stil der Neuen Sachlichkeit errichtete Gär- und Lagerhaus war das erste Hochhaus in Dortmund. Als solches war es nach dem Auszug der Bierbrauer prädestiniert, zum Leuchtturm-Projekt des Kulturhauptstadtjahres RUHR.2010 zu avancieren. Es beherbergt Kunstausstellungen und Räume für Kreative. Spektakulär ist die Aussicht vom siebten Obergeschoss mit seinem Rundumblick über Dortmund.

Es gibt bestimmte Industriezweige, die gehören untrennbar zusammen. Zumindest im Pott. Gruben und Stahlwerke fordern ein ausreichendes Gegengewicht an Brauereien. Schwerstarbeit, zumal in hitziger Atmosphäre, macht eine trockene Kehle, die nach der Schicht dringend befeuchtet werden musste. Ich kann sie heute noch aufzählen, die glorreichen sieben Dortmunder Brauereien: Union, Thier, Ritter, Kronen, Stifts, Aktien und, und …

»… und was?«

Verflixt! Fällt mir doch die siebte nicht ein. Egal, es hat sie gegeben, ganz bestimmt. Noch als Student in München verfolgte ich mit Spannung das jährliche Kopf-an-Kopf-Rennen um den höchsten Hektoliterausstoß Deutschlands, Dortmund gegen München. Wie beim Fußball ging's munter hin und her, dann aber blieb Dortmund die Puste weg. Mit dem Sterben der Zechen und der Schwerindustrie starben zuerst der große Durst und dann die Brauereien.

»Und woher nehmen die Münchner ihren Durst? Da gibt's doch nicht die kleinste Zeche und schon gar kein Stahlwerk!«

»Aber größere Gläser!«

Stimmt! In Dortmund gab es lange ein besonderes Bierglas, das Stößchen. Es war nicht volumengenormt, meistens jedoch lag es deutlich unterhalb der 0,2-Liter-Marke, ein Bayer würde von einem Fingerhut sprechen. Das Stößchen ist so geformt, dass es sich sanft nach oben erweitert, wodurch es die perfekten Fließeigenschaften bekommt. Man kann es prima mit einem Schluck leeren, herrlich leicht gleitet der Inhalt die durstige Kehle hinunter. Viele sagen, nie habe ein Bier besser geschmeckt.

Das typische Dortmunder Bier war übrigens lange nicht das Pils, sondern das Export. Der Name Export gibt seine Haupteigenschaft wieder: Das untergärige Bier war länger haltbar, weshalb man es getrost auf Reisen schicken durfte.

Erholungsbedürftige Bergleute aber, deren Staublungen man eine Durchlüftung im nahen Sauerland gönnte, fanden Geschmack an dem herben Pils, das dort gebraut wurde. Zurück im Pott verlangten sie ihr neues Leibgetränk, so stellten sich die Emscherbrauereien um.

»Mit Emscherwasser gebraut … das wäre ein Slogan!«

»Kommt noch, wirst sehen!«

Zum Stößchen gibt es eine hübsche Geschichte. Als die Köln-Mindener-Eisenbahn den Norden Dortmunds durchschnitt, gab es lange keine Unterführung. Wer vom Burgtor Richtung Münsterstraße wollte, stand oft vor einer verschlossenen Schranke. Die Bahnlinie wurde immer beliebter, die Schranke versperrte immer häufiger und immer länger den Weg. Die Berg- und Stahlarbeiter aber, die gerade von der Schicht kamen, warteten ungeduldig darauf, endlich ihren Durst stillen zu können. Da kam der clevere Wirt einer benachbarten Kneipe auf die Idee, ein schnelles Bier auszuschenken. Das Stößchen war geboren.

Aus der Erde gezaubert: der Hörder Bach

Lustige Szenen müssen sich an der Schranke abgespielt haben, vielleicht ist es der lustigste Bahnübergang überhaupt gewesen. Angeblich hätte so mancher Malocher der Schranke fröhlich dabei zugesehen, wie sie sich wieder senkte, nur um ein weiteres Stößchen zwitschern zu können.

Man soll nicht so viel über Bier reden, gleich meldet sich der Durst. Ob man in Dortmund noch ein Stößchen bekommt? Die Bahnschrankengastronomie ist ja längst abgeschafft. Wenn, dann in der *Krone* am Markt. Eine Urkunde beweist: Dort wurde bereits im Jahr 1430 Bier gebraut.

Rainer hat als Student mal bei der Kronen-Brauerei sein bescheidenes BAföG aufgebessert. Auf raffinierte Weise, erzählt er, hätten sich die Brauereiarbeiter ihr ohnehin üppiges Deputat vergrößert, indem sie mit Schwung den einen oder anderen Kasten über die feuchten Fliesen Richtung Ausgang sausen ließen. Der besondere Reiz bestand darin, dies unter den Augen der mehr oder weniger aufmerksamen Aufseher zu erledigen.

»Das Dortmunder Brauereiwesen hat übrigens auch einen entscheidenden Beitrag zur Hochkultur des Reviers geleistet.«

»Wie das?«

»Als man die Ritter-Brauerei ausbaute, stieß man auf 444 goldene Taler aus der Römerzeit, uralte Münzen aus der Zeit Kaiser Konstantins.«

»Die frühe Transfersumme für einen Spieler des BVB?«

»Unwahrscheinlich. Der Goldschatz wurde bereits im Jahr 2 vor Beginn der Dortmunder Fußballzeitrechnung gefunden.«

Etwas versteckt fließt durch das Neubauquartier ein weiteres Flüsschen, der Hörder Bach. Auch ihn hatte man wegen seines Gestanks unter Betondeckel gelegt, von seiner Existenz wusste lange kaum jemand. Nun darf sich auch der Hörder Bach, der im Schwerter Wald entspringt, wieder des Tageslichts erfreuen, eine Weile zumindest – der richtige Ort, um an die alten Köttelbecken zu erinnern.

Köttelbecke

Was ist der häufigste Name für einen Bach im Ruhrgebiet? Köttelbecke! Nicht-Ruhrdeutschen sei der Name kurz erklärt. »Köttel« bezeichnet im Westfälischen tierische, gern kleinteilig und geformt aufzufindende Ausscheidungen, Hundeköttel etwa, Schafs- oder Kaninchenköttel. Im Köttel steckt die Pluralbildung des hochdeutschen Wortes Kot, das auch allgemeiner im Sinne von Dreck benutzt wird. »Becke« wiederum leitet sich ab von »Bach«. »Köttelbecke« bedeutet also nichts anderes als schmutziges, verdrecktes Fließgewässer.

Als man mit dem Ruhrbergbau begann, wusste man nicht, wohin mit den Abwässern. Trinkwasser brauchten die Menschen auch, also ließ man die Ruhr weitgehend unangetastet und kippte alles in die Emscher und ihre Nebenflüsse. Die wenigsten Anwohner kennen noch die ursprünglichen Gewässernamen wie Hörder Bach, Boye, Läppkes Mühlenbach, Holzbach oder Berne. Eine Köttelbecke aber kennt jeder. Auf 223 Kilometer summierte sich die Gesamtlänge aller Köttelbecken. Die größte aller Köttelbecken aber ist die Emscher selbst gewesen.

»Die Emscher hat man auf einer Länge von 77 Kilometern reguliert.«

»Reguliert! Ein hübscher Euphemismus!«

Während Rainer die Kamera zückt und den Hörder Bach ablichtet, nähert sich wieder die Aufsichtsperson, der wir am Ufer des Phoenix-Sees schon begegnet sind. Der Mann scheint über uns und unsere Funktion ins Grübeln gekommen zu sein, die gelben Rettungswesten, die Einheitshelme und die Kamera geben uns etwas Offizielles.

»Vielleicht sind das radelnde Polizisten in Zivil«, scheint er sich zu denken, als er sich nun erneut an uns wendet. Er deutet auf einen dicken Mercedes, der hinter einer Absperrung parkt. »Der darf doch da gar nicht stehen«, fragt er uns. Geschmeichelt und erfüllt von der plötzlichen Autorität, die uns zuerkannt wird, antworten wir im Brustton der Überzeugung: »Ne, ne, der hat da nichts zu suchen!«, worauf unser neuer Freund und Kollege dankbar nickt und zum Telefon greift. Ordnung muss sein.

Jovial grüßend verabschieden wir uns und fädeln wieder in den Emscherradweg ein. Auf einem Podest setzt eine Vogelfrau zum Flug an. Ihre Flügel hat sie weit ausgebreitet, gleich wird sie abheben, um nach Phoenix-West zu fliegen. So jedenfalls schildert es der Begleittext der Aluminiumskulptur, die mit zwei weiteren Plastiken die »Spirits of the

Die Vogelfrau – der schickste Rock vom Emscherufer

Emscher Valley« bilden: »Also flog der Vogel mit seiner enormen Flügelspanne von einem Ort zum nächsten, rückwärts und vorwärts. Vergangenheit und Zukunft, Zukunft und Vergangenheit.« Ein schönes Bild. Wie Phoenix aus der Asche hat sich auch der Ruhrpott erhoben, hin zu einem glänzenden Morgen.

»Schicker Rock. Trägt man das jetzt in Dortmund?«

»Nichts dagegen einzuwenden.«

Phoenix-West, Westfalenpark, Westfalenhallen und der BVB

Wir reißen uns von der Schönen los und radeln zu einem alten Industriedenkmal. Einst überspannte die Schlackenbahn einen tiefen Taleinschnitt, um das glühende Erz vom Werk

Das Viadukt des Feurigen Elias

Phoenix-West nach Phoenix-Ost zu transportieren, wo das Roherz zu Stahl veredelt wurde. Heute stehen von dem Viadukt nur noch die Brückenköpfe, eindrucksvoll, fast wie das Relikt einer alten römischen Wasserleitung. Zu ihren Füßen lädt im Schatten der bewaldeten Deponie Schallacker der Hötgerpark zum Verweilen ein. Kurz darauf stehen wir vor Phoenix-West. Das Werk haben die Chinesen verschmäht, es kann besichtigt werden.

»Vielleicht waren die Chinesen sauer auf die Dortmunder.«

»Warum?«

»Als sie auch am Sonntag schraubten und schweißten, kam das Ordnungsamt und nahm ihnen den Werkzeugkasten weg.«

»Am siebten Tage sollt ihr ruhn.«

»... oder tausend Schritte tun.«

Wer will, kann einen Höhenspaziergang über eine alte Gasleitung machen. Die Rohre für das bei der Koksproduktion anfallende Gichtgas haben wie riesige Adern den Stadtteil Hörde durchzogen, sich aufbäumend und in Kurven legend überquerten die eisernen Leitungen Straßen und Bahnlinien, dicht an den grauen Mietshäusern vorbei. Auch heute noch zeugt manche Rohrleitung von dieser Epoche.

Immer grüner wird es zu unserer Rechten, wir passieren die Südgrenze des Westfalenparks. Zur Bundesgartenschau 1959 wurde der schöne Landschaftsgarten angelegt; kaum bricht die Sonne durch, lockt er zahllose Besucher an. Attraktionen für Jung und Alt warten auf die Gäste.

Buschmühlenpark hieß ein Teil des Geländes einmal. Ein hölzernes Mühlrad neben dem *Restaurant Buschmühle* erinnert an eine frühere Funktion der Emscher. Aufgestaut und mit einem Mühlengraben versehen, sorgte sie für die notwendige Energie. Da war sie noch gut genug zum Arbeiten, später nur noch für die dreckigsten Abwässer.

Volles Rohr: Phoenix-West

Flüsse wurden vom Menschen ja immer schon genutzt, die Degradierung zum offenen Abwasserkanal aber ist ziemlich einmalig. Zum Glück aber ist nichts von Ewigkeit. Bis zum Westfalenpark jedenfalls hat uns die Emscher sehr überrascht. Auch wenn man nahe an ihre Ufer tritt, steigt einem nicht der kleinste Geruch in die Nase, stolz erhebt sich der Florian als ihr Beschützer. Ein bunt bemaltes Gebäude am Emscherufer lässt uns abrupt abbremsen. Fische in der Emscher? Kann das sein? Ist das Wasser schon so sauber, dass die Kiemen nicht verkleben? Tatsächlich! Es muss wohl so sein.

Nach der Querung der Ruhrallee schwebt zur Rechten wieder ein bekanntes Logo über den grünen Baumwipfeln, das gelbe U der Union-Brauerei. Es ziert die größte Hallenkuppel Europas, die Dortmunder Westfalenhalle. Das geniale Bauwerk besteht aus einer freitragenden Dachkonstruktion, kein störender Stützpfeiler ist dem Zuschauer im Wege. Schon das Vorläufermodell war eindrucksvoll. 15.000 Zuschauer waren in einer Juninacht 1927 völlig aus dem Häuschen, als Max Schmeling sich zum Europameister boxte.

Wir besaßen als Jugendliche das Glück, einen der Hausmeister zu kennen, einen netten Mann mit sozialem Herzen, der uns ohne Tickets in die Halle ließ. So kamen wir chronisch finanzschwachen Ruhrpottkinder in den Genuss eines Konzertes von Queen, schnupperten die sagenhafte Atmosphäre des Dortmunder Sechs-Tage-Rennens oder sprangen über die Bande, um uns bei Hallenfußballturnieren Autogramme der Bundesligastars zu erbetteln.

In den Westfalenhallen, es gibt deren acht, finden regelmäßig auch Messen statt. Besonders beliebt ist die Messe Jagd & Hund, dort wird jährlich der beste Brunftschrei-Imitator des Rothirsches gekürt.

Zwischen den Bäumen taucht nun ein weiteres Bauwerk auf, gelbe Streben ragen in den Himmel und tragen das

Oh, wie ist es schön, oh, wie ist es schön!

Der Florian – Wächter über die Emscher

Dach. Dieser Anblick lässt mein Herz höherschlagen – es kann nicht anders: Vor uns liegt das Westfalenstadion. Heute mag es anders heißen, egal, das Einzige, was zählt: Es ist und bleibt die Heimat des BVB.

Mit knapp 14 Jahren habe ich mich zum ersten Mal bestechen lassen. Meine Mutter, der meine weit über die Schultern fallende Mähne nicht gefiel, sagte zu mir: »Wenn du zum Friseur gehst, bekommst du eine Schülerdauerkarte.« Damals spielte der BVB noch in der zweiten Liga Nord, dennoch habe ich keine Minute gezögert und bin sogleich zum Friseur geradelt. Eine wilde Saison, an deren Ende der BVB, Zweiter im Norden, gegen den Club aus Nürnberg, Zweiter des Südens, antreten musste. Dortmund gewann und wurde erstklassig.

Fußball im Pott

Die Seele des Ruhrgebietsmenschen versteht nicht, wer den Fußball unterschätzt. Von Ersatzreligion soll nicht gesprochen werden, dennoch wird man nicht wenigen Menschen entlang der Emscherufer begegnen, die häufiger den Sportteil mit der Bundesligatabelle aufschlagen als die Bibel. Wieso ist gerade der Ruhrpottler dermaßen fußballverrückt? Schwer zu sagen. Vielleicht liegt es an seiner Sehnsucht nach der Farbe Grün. Wenn man die ganze Woche über im Berg Kohle geschürft oder im stinkenden Stahlwerk geschwitzt hat, dann konnte die Sehnsucht nach der Farbe des Lebens übermächtig werden.

Hinzu kommt der einzigartige Teamgeist der Menschen an der Emscher. Unter Tage konnte nur überleben, wer bereit war, alle Egoismen zu vergessen. Man musste sich blind aufeinander verlassen können. Dieses Verhalten prägte auch die Einstellung über Tage. Helmut Bracht, einst Fußballer vom BVB, hat es in wunderbarem Ruhrsprech auf den Punkt gebracht: »Der

Fußball hat uns geformt. Uns Disziplin beigebracht, Teamgeist. Vor allem aber die Erkenntnis: Allein bist du eine Pflaume.«

Traf man sich am Montag wieder bei der Maloche, wurde nicht gefragt, wie geht's der Frau und den Kindern, stattdessen wurden die Wochenendspiele der Bundesliga diskutiert. Und wehe, der Lieblingsverein hatte vergeigt. Dann war die Stimmung »aber so was von inne Keller«.

Hierdurch entstand im Laufe der Jahrzehnte eine Ruhrgebiets-Edda, eine Heldensaga mit der Patina von Generationen. Tragische und glückliche Helden, Fußballgötter, schmerzlich verlorene Schlachten und grandiose Siege, aber auch Intrigen, Verrat und Bestechungen, alles fügte sich zu der großen Historie zusammen, zu eine Never-Ending-Story. Legendäre Endspiele und die kleinste Begebenheit am Rande des Platzes, ganz egal, alles ist Stoff, aus dem Fußballträume gewebt wurden und werden.

»Wenn im Westfalenstadion der Rasen gemäht wird, stehen hinterher 20 Mann zusammen und erzählen, wie es gewesen ist«, stellte mit verwundertem Kopfschütteln Max Merkel fest, einst Trainer beim BVB, und Merkels Wort zählt, hatte der Österreicher doch den Blick des Außenstehenden.

Zwei Museen gibt es, die sich in Dortmund mit dem Fußball beschäftigen. Das eine befindet sich am Dortmunder Hauptbahnhof, das Museum des DFB, das andere liegt gleich an der Emscher, die immer wilder und urtümlicher zu werden scheint: das Borusseum, in dem die schwarz-gelbe Erfolgsgeschichte erzählt wird. 2008 hat man es in einer Ecke des vereinseigenen Stadions eingerichtet. Auf einen Besuch verzichte ich schweren Herzens, will ich doch die Gefühle meines Gelsenkirchener Reisekameraden nicht verletzen.

»Von mir aus kannste gerne einen Blick hineinwerfen. Ich setz mich so lange in die Sonne.«

»Ne, ne. Lass uns weiterradeln. Das Museum muss sowieso bald erweitert werden, wo sollen denn all die neuen Trophäen Platz finden? Außerdem befindet sich das wichtigste Kleidungsstück der deutschen Fußballgeschichte eh im DFB-Museum.«

»Nämlich?«

»Der Schuh von Mario Götze, mit dem er uns 2014 in Brasilien zum Weltmeister geschossen hat.«

Dortmund-Barop: Margarethenkapelle und Technische Universität

Die Kontraste auf dieser Radtour könnten nicht größer sein. Nur einen Kilometer später stehen wir vor einem Hügel, auf dem sich eine uralte Kapelle erhebt. Flirrend fällt das Mittagslicht durch die Blätter der Linden auf die Mauern aus Bruchstein.

Das Kirchlein in Barop stammt aus dem 13. Jahrhundert und wurde der heiligen Margarethe geweiht – eine kluge und weitsichtige Namenswahl, gilt Margarethe doch nicht nur als Schutzheilige der Bauern und Schwangeren, sondern wurde zugleich gegen Unholde aus der Tiefe des Wassers angerufen. Diesen Kampf scheint Margarethe gewonnen zu haben, zumindest die Schmutzwasserunholde der Emscher hat sie erfolgreich verjagt, wenngleich der Kampf ein langer und harter gewesen ist.

Wie so viele Orte entlang der Emscher, schloss sich auch Barop der Reformation an und wurde evangelisch. Damit gewann man das Recht, sich seinen Pfarrer selbst zu wählen. Im Jahre 1701 entschied sich die Gemeinde für Johann Georg Zimmermann; der zuständige Fürst Conrad Philipp von Romberg von Schloss Brünninghausen aber wollte die Wahl nicht bestätigen, mit der Begründung, »dass die Baroper

Bauern gern des besseren Bieres wegen nach Dortmund gingen und dass die Berufung des Predigers Zimmermann nicht in der Kirche unter Anrufung des heiliges Geistes erfolgt sei, sondern in einem Wirtshaus in Dortmund, und zwar zu guter Abendzeit, wenn die Bauern einen tapferen Rausch pflegen gesoffen zu haben.«

So mittelalterlich die Margarethenkapelle auch wirkt, sie hat ebenfalls von der Industrialisierung profitiert. In ihrem Turm hängt eine Glocke, die 1909 vom Bochumer Verein gegossen wurde, einem Stahlwerk, das sich auf den Glockenguss spezialisiert hatte.

Glocken aus Stahl zu gießen ist eine besondere Kunst. Üblicherweise verwendet man ja die wohlklingende Bronze. Damit Stahl nicht stählern, sondern festlich klingt, braucht es beim Guss einige Kniffe. Die meisten Gussstahlglocken der Welt stammen aus dem Ruhrpott, so auch die Friedensglocke von Hiroshima. Wer eine der größten und ältesten Stahlglocken aus der Nähe bewundern will, der fahre zum Bochumer Rathaus. Die 15.000-Kilo-Glocke wurde 1867 für die Pariser Weltausstellung gegossen, man hätte sie also auch in den Eiffelturm hängen können.

Bochum aber liegt an der Ruhr und nicht an der Emscher, der wir nicht untreu werden wollen. Eigentlich müsste das Ruhrgebiet natürlich Emschergebiet heißen. Wer an der Ruhr entlangradelt, bekommt nur am Rande etwas von der Industriekultur mit, die Emscher aber durchfließt das Herz des Ruhrgebiets. Vielleicht hat man sich für den Namen Ruhrgebiet entschieden, weil man sich der Emscher schämte, der ehrlichen Schmutzwasserentsorgerin.

Der Stadtteil Barop steht für den gelungenen Teil des Strukturwandels im Ruhrgebiet, ist hier doch die Technische Universität Dortmund zu Hause, die sich weltweit einen ausgezeichneten Ruf erworben hat. Mit einer H-Bahn, einer Art Schwebebahn, können die Studierenden das Uni-Gelände

Die Margarethenkapelle von Barop

überfliegen. Auch die DASA, die Deutsche Arbeitsschutzausstellung, lohnt trotz ihres trockenen Namens einen Besuch, nicht zuletzt, weil man dort mal selbst baggern kann.

Dortmund-Bövinghausen: Zeche Zollern II/IV und der Denkmalschutz

Wer Lust auf ein weiteres Highlight deutscher Industriekultur hat, der mache einen Abstecher in den benachbarten Ortsteil Bövinghausen. Ein einzigartiges Industriedenkmal wartet dort auf Gäste. Seine Geschichte steht am Anfang einer Erfolgsstory, die man auf der »Route Industriekultur« bewundern kann.

Lange hatte man nicht begriffen, welche architektonischen Schätze man in den ehemaligen Industrieanlagen besitzt, die in dieser Dichte und Qualität an kaum einem anderen Fleck auf der Welt zu finden sind. Als es mit Kohle und Stahl bergab ging, herrschte vielerorts Tristesse und Depression. Vielleicht wollte man deshalb so schnell wie möglich alle Zeugnisse der großen Epoche beseitigen. Um ein Haar wäre der Abrisswut auch die Maschinenhalle der Zeche Zollern II/IV zum Opfer gefallen, die von dem Architekten Bruno Möhring mit Jugendstilelementen errichtet worden ist.

Im Herbst 1969 hatten Verschrottungsfirmen 215.000 Mark für das Material geboten. Nur dem engagierten Einsatz des Direktors der Dortmunder Werkkunstschule, Hans-Paul Koellmann, ist es zu verdanken, dass dieses Verbrechen verhindert werden konnte. Durch zahlreiche Aktionen und Denkschriften wurde mühsam ein Bewusstsein für die Bedeutung der Halle geschaffen, schließlich trat der Denkmalschutz auf den Plan und rettete die Halle. Das war zugleich die Geburtsstunde der Technischen Denkmalpflege beim westfälisch-lippischen Landesdenkmalamt.

Endlich begann man sich umzusehen, welche Industrieanlagen im Ruhrpott erhaltenswert waren. Die Liste wurde lang und länger; prominenteste Vertreterin ist die Essener Zeche Zollverein, die 2001 zum UNESCO-Welterbe erklärt wurde.

Zeche Zollern, TU Dortmund, Hochbahn, DASA, Borusseum … Wir widerstehen den Lockgesängen der Sirenen und verfolgen wie einst Odysseus pfeilgerade unseren Weg, die Emscher allein soll uns leiten.

Der Hellweg

Kurz darauf wird es finster, ausgerechnet, als wir den Hellweg unterqueren, die vielleicht berühmteste Straße im Emscherland. Heute nennt sich der Hellweg wahlweise Ruhrschnellweg (eine Bezeichnung, über die die chronisch im Stau stehenden Autofahrer nur herzhaft lachen können), A40 oder weiter östlich B1.

Der Hellweg war eine wichtige West-Ost-Handelsroute, deren Ursprünge schon in vorrömischer Zeit vermutet werden. Über die Herkunft des Namens wird lustig gestritten. Die einen sagen, das Wort Hell leite sich vom weißen Gold, dem Salz, ab, wie man es auch leicht variiert in Städtenamen wie Reichenhall oder Schwäbisch Hall findet – Salz wurde unter anderem in Unna in großem Stil gewonnen. Andere sagen, Hellweg bedeute nichts anderes als »heller Weg«, weil die Straße als lichte Schneise durch die Wälder führte, in denen die Räuber lauerten. Die Brüder Grimm aber behaupten, der Hellweg sei der Weg, auf dem man die Toten zur Unterwelt, zur Hell, gefahren habe.

»Der Emscher-Highway to hell, sozusagen.«

»ACDC können sich nicht irren!«

An diesem Abschnitt der Emscher hat sich im Jahr 1983 an einem Apriltag ein tragischer Unfall ereignet.

Das Grab in der Emscher

Wie das ist: nichts in der Tasche zu haben als ein paar Cent. Nur mit dem Nötigsten im Rucksack loszumarschieren, einmal durch Deutschland, von Norden nach Süden und wieder zurück, als wandernder Bettler. Welche Erfahrungen macht man da? Wie werden die Leute reagieren? Wie wird es sich anfühlen, unter Brücken und auf Parkbänken schlafen zu müssen?

Michael Holzach hat das Abenteuer gewagt. 1980 brach er auf – mit seinem vierbeinigen Begleiter Feldmann, einem jungen Boxer, den er in einem Tierheim gefunden hatte. Schnell schlossen die beiden Freundschaft. Auch durch das Ruhrgebiet kamen sie auf ihrer Wanderung. Die Emscher, der Abwasserkanal mit seinen umgebenden Industriebrachen, regte die Fantasie des in das Gewand des Bettlers geschlüpften Journalisten mächtig an.

Michael Holzach stellte sich vor, was mit der Emscher und dem Ruhrgebiet nach dem Inferno einer Atomkatastrophe geschähe, und war überzeugt: Ohne den Menschen, ihren ärgsten Feind, würde sich die Natur ihren Platz zurückerobern. Quellklar wäre das Wasser der Emscher wieder, Bussarde schössen auf Kaninchen herab, Wälder würden die Gelände der Stahlwerke erobern und Schwalben durch die zerbrochenen Fenster der Fabrikhallen ein- und ausfliegen.

Aus der Wanderung wurde ein Buch: *Deutschland umsonst – zu Fuß und ohne Geld durch das Wirtschaftswunderland*. Die Story wurde ein großer Erfolg und machte Michael Holzach über Nacht bekannt. Eine tolle Geschichte! Jemand, der uns Wohlstandsmenschen die Kehrseite des Reichtums zeigt, all die Dinge, die wir nicht sehen, die wir am liebsten verdrängen wollen.

So anschaulich war der Erlebnisbericht, dass Michael Holzach vorgeschlagen wurde, das Buch zu verfilmen. Er war einverstanden. Man reiste zu den Orten, an denen er vorbeigekommen war – natürlich wieder mit Feldmann, seinem Hund, so auch am Emscherufer in Dortmund-Dorstfeld.

Ob es aus Neugier geschah? Ob er von dem dreckigen Wasser trinken wollte? Feldmann kam dem steilen Ufer zu nahe, rutschte die Betonschalung hinunter und landete in der Emscher. Rasch trieb er mit der Strömung ab, vergeblich versuchte er, wieder an Land zu gelangen, nirgends fand er Halt. Michael Holzach zögerte nicht. Als er erkannte, wie gefährlich die Lage für seinen treuen Freund wurde, rutschte er selbst in den Fluss und versuchte, Feldmann zu packen. Doch auch ihn ergriff die Strömung, er knallte mit dem Kopf gegen einen Pfeiler und ging unter. Nur noch tot konnte man ihn aus der Emscher ziehen.

Auf seiner Beerdigung zitierte der Pfarrer einen Spruch aus der Bibel: »Tu den Mund auf für die Stummen und für die Sache aller, die verlassen sind.«

»Und was ist mit Feldmann passiert?«

»Der Hund hat überlebt, die Feuerwehr hat ihn rausgezogen.«

Heute wäre ein solch schreckliches Unglück unvorstellbar. Die Betonschalung hat man größtenteils entfernt, die Ufer sind sanfter und grüner geworden, ja fast quellklar ist das Wasser. Ob sich Michael Holzach eine solche Entwicklung hat vorstellen können? Ohne Atomkatastrophe? Der Mensch, der größte Schmutzfink auf Erden, scheint zur Einsicht gekommen zu sein. Ein bisschen wenigstens.

Vielleicht, ja ganz sicher, haben Menschen wie Michael Holzach ihren Beitrag dazu geleistet. Traurig. Erst muss ein Prophet kommen und uns ein düsteres Zukunftsbild malen, damit wir zur Umkehr bereit werden. Schade, dass Michael Holzach das nicht mehr erlebt hat.

Ein Bilderrätsel: Welche Stadt ist gemeint?

Der Dortmunder Hafen

Mit der Querung der Mallinckrodtstraße haben wir ein noch quicklebendiges Industriegebiet erreicht, den Dortmunder Hafen. Nach Duisburg ist er der zweitwichtigste des Ruhrgebiets. 1895 eingeweiht und durch den Dortmund-Ems-Kanal angeschlossen, hat er sich schnell zum Erfolgsmodell entwickelt. In den Wirtschaftswunderjahren tobte hier der Bär, mit dem Niedergang von Kohle und Stahl jedoch wurde es auch für die Hafenarbeiter gemütlicher. 1987 legte man einen Containerhafen an, damit verlor der Hafen noch mehr an Romantik, gewann jedoch an Effizienz. Immerhin ist er weiter der größte Kanalhafen Europas.

»Wer hätte das gedacht? Dortmund, 'ne echte Hafenstadt.«

»Junge, komm bald wieder, bald wieder nach Haus …«

Hinter dem Hafen liegt das Klinikum Nord. Dort ist meine Mutter gestorben, noch nicht lange her. Wir Kinder und Enkelkinder haben noch lange um ihr Bett gesessen. Nach einer Operation war sie ins Koma gefallen und nicht wieder aufgewacht. Sie kam aus dem Rheinland, hat sich aber in Dortmund, wo unser Vater gehörlose Kinder unterrichtet hat, gleich wohlgefühlt. Die Offenheit der Ruhrmenschen hat ihr gefallen. Viele hatten ja einen Migrationshintergrund, wo immer sie auch herkamen, aus Schlesien, Polen, der Oberpfalz, Italien, Portugal, der Türkei oder dem Sauerland.

»Weißt du, wie Dortmund in der Gebärdensprache heißt?«

Ich deute zunächst in die Ferne und dann auf meinen Mund: »Dort – Mund!«

Wie man Gelsenkirchen in Gebärden übersetzt, fällt mir nicht mehr ein, falls ich's je gewusst haben sollte. Zudem werden wir durch eine plötzliche Bewegung abgelenkt.

»Ein Eisvogel!«

Tatsächlich! Ein Eisvogel an der Emscher! Rasch ist der scheue Vogel in ein Gebüsch geflogen, sein blaues Federkleid aber hat ihn verraten. Eisvögel sind selten geworden – dass er sein Nest am Emscherufer baut, ist vielleicht das größte Kompliment, das man den Emscherrettern machen kann.

»Jetzt fehlt nur noch der Biber.«

Halde Deusenberg und die Kokerei Hansa

An manchen Abschnitten hat man das Betonbett der Emscher entfernt und ihren Lauf durch Schotterbänke und aufgerissene Ufer wieder kurviger gestaltet. Sogleich grünt es auch im Wasser, langhaarige Pflanzen wallen in den Fluten. Auch so mancher Baum wagt sich in Ufernähe – ob allerdings bereits ein Biber seine Zähne wetzt? Wir beschließen, achtsam zu bleiben, und steigen wieder auf die Räder.

Ein steiler grüner Hügel gerät in unseren Blick, der Deusenberg. Die künstliche Erhebung hat ihre Entstehung allerdings nicht dem Abraum aus dem Bergbau zu verdanken, sondern unserer Wohlstandsgesellschaft, es handelt sich um eine ehemalige Mülldeponie. Wieder müssen wir standhaft bleiben, denn unmittelbar hinter dem Deusenberg befindet sich mit der ehemaligen Kokerei Hansa ein weiteres attraktives Industriedenkmal.

Koks

Was ist eine Kokerei? Die Kohle, die man aus der Tiefe holt, besitzt viel Brennenergie, allerdings ist das Feuer, das sich mit ihr schüren lässt, noch nicht heiß genug. Um Erz zu schmelzen, muss man die Steinkohle aufbereiten – ein Verfahren, das man den alten Köhlern abgeschaut hat, die unter Luftabschluss Holz zu Kohle verwandelt haben.

Auf der Suche nach einem neuen Bett

Es klingt für den Laien verrückt: Man muss den Brennstoff Kohle erhitzen, um ihn erst richtig wertvoll zu machen. Bei über 1.000 Grad entweichen viele Inhaltsstoffe, übrig bleibt der Koks, konzentrierter Kohlenstoff. Mit ihm kann man die Hochöfen befeuern und Erz zum Schmelzen bringen. Koks ist viel heißer und stabiler als Kohle, verbackt nicht und verunreinigt nicht das Eisen. Die heißen Gase, die beim Koken der Kohle entweichen, enthalten zudem viele wertvolle Inhaltsstoffe, sie werden auf die »weiße Seite« der Kokerei geleitet: Teer, Naphthalin, Schwefelsäure, Benzol und Ammoniak und natürlich das Kokereigas, das sich gut zum Heizen eignet.
Durch die »Abfallprodukte« entstand im Ruhrgebiet ein weiterer florierender Wirtschaftszweig, die chemische Industrie. Lange war die »weiße Seite« Teil der RAG, der Nachfolgerin der Ruhrkohle AG, dann wurde sie zu einem eigenen Unternehmen und nennt sich heute Evonik.

Nicht alle Werksanlagen der Kokerei Hansa konnten erhalten werden, der Gasometer zum Beispiel wurde abgerissen. In der ehemaligen Lokwerkstatt jedoch kann man historische Dortmunder Straßenbahnen besteigen, in der *Waschkaue* bei Konzerten abrocken, Kunstausstellungen in der riesigen Kompressorhalle bewundern oder im alten Turbokompressorengebäude Mut und Geschicklichkeit in der größten Kletterhalle von NRW beweisen.

Dortmund-Mengede: Fachwerk und Remigiuskirche

Ein Umleitungsschild befiehlt uns, vom rechten Weg abzuweichen. Eine Köttelbecke muss saniert werden, auch der Nettebach soll seinen Abwasserkanal bekommen. Wir nutzen die Gelegenheit, in den hübschen Ortsteil Mengede zu radeln und uns in einem Café mit Kaffee und Kuchen zu versorgen. Eine fröhliche Gruppe rüstiger Rentnerinnen sitzt neben uns, alle modisch gekleidet. Die Dortmunder Rentnerinnen meiner Jugend habe ich anders in Erinnerung: Folienhäubchen über der Dauerwelle und Brillen mit dickem Gestell.

Wir blicken uns um. Mengedes Ortskern hat sich seinen Charme bewahrt, Fachwerkhäuser schmiegen sich in den Schatten der Remigiuskirche, am Markt stehen zwei bronzene Frauen ins Gespräch vertieft, während ein kleiner Junge die eine der beiden, offensichtlich seine Mutter, knötternd weiterziehen will.

»Wenn wir als Kinder geknöttert haben, hat man uns gesagt: ›Geh in Keller Kohlen putzen.‹«

»War keine Kuschelpädagogik damals.«

»Dat kannse laut sagen. Begann man einen Satz mit ›Ich will …‹, hieß es ›Kinder, die wat wollen, krieg'n wat auf die Bollen.‹«

Das schönste literarische Denkmal, das den Ruhrpottkindern gesetzt worden ist, stammt aus der Feder von Max von der Grün, der bis zu seinem Tode in Dortmund wohnte. *Die Vorstadtkrokodile* wurde zu einem der populärsten Bücher an deutschen Schulen. Die Krokodile sind eine Dortmunder Kinderbande, die lange zögerten, einen Nachbarsjungen aufzunehmen, sitzt Kurt doch im Rollstuhl. Mit Kurts Hilfe aber gelingt es den Vorstadtkrokodilen, einer Einbrecherbande das Handwerk zu legen. Die Geschichte handelt von Mut und Wagemut, von Vorurteilen und Vertrauen, von falsch verstandener Loyalität und natürlich von Abenteuer und Freundschaft.

Vielleicht ist Max von der Grün die Erzählung so eindrucksvoll gelungen, weil er selbst einen behinderten Sohn hatte. Der gebürtige Oberfranke und Wahl-Dortmunder hat die harte Welt der Bergleute hautnah miterlebt, ist als Kumpel zweimal verschüttet worden. Mit seinen engagierten Büchern hat er versucht, auf die soziale Lage der Arbeiter hinzuweisen. Am bekanntesten aber sind seine *Vorstadtkrokodile* geworden. Das Buch wurde mehrmals verfilmt, unter anderem mit Nora Tschirner und Martin Semmelrogge. Prädikat: sehenswert!

Gestärkt geht's wieder zum Emscherstrand, der sich bei Mengede zu einer Heidelandschaft weitet. Parallel zur Emscher sind große Gebiete eingedeicht. Dicke Bagger sind angerückt, den Rest eines gigantischen Rückhaltebeckens auszubuddeln, mit einer Fläche von 33 Hektar das größte der Emscherregion, wie uns eine Bautafel der Emschergenossenschaft belehrt: 46 Fußballfelder, doppelt so groß wie der Phoenix-See.

Zum Schutz von Herne, Gelsenkirchen, Essen, Oberhau-

Bagger marsch!

sen und Duisburg soll hier bei Starkregen die Emscher durch ein Drosselbauwerk gestaut werden. Ein großes blaues Betonteil, das den Querschnitt eines Abwasserrohres darstellen soll, dient als Informationstafel, aufgestellt von der Emschergenossenschaft. Wählt man die angegebene Telefonnummer, hat man Herbert Knebel an der Strippe, den Kabarettisten aus dem Pott, der einem in launigen fünf Minuten den Sinn der Wasserrückhaltebecken erläutert: »Ich sach' Sie …«

Ein älterer Herr in sportlichem Outfit bremst neben uns und fragt höflich, ob er uns stören darf. Natürlich darf er. Wir kommen ins Gespräch. Der Herr wohnt in der Nähe und bedauert, dass alle seine Freunde nur aufs Rad steigen, um Kilometer zu fressen, keiner habe Interesse, sich unterwegs was anzuschauen, dabei gebe es doch gerade jetzt so viel zu sehen. Von den Veränderungen im Emschertal ist er völlig begeistert.

»Kürzlich hatte ich Freunde aus Bayern zu Gast. Die haben ganz erstaunt gefragt: Wo sind denn eure Schornsteine? Ist ja alles grün hier.«

Castrop-Rauxel: wassertechnische Wunderwerke

Wir haben die Stadtgrenze von Dortmund erreicht und müssen uns von der größten Stadt Westfalens verabschieden. Nun befinden wir uns in Castrop-Rauxel.

»Lateinisch für Wanne-Eickel.«

Wieder kommen wir zu Deichen, die höher und höher werden, schließlich verabschiedet sich die Emscher mit einem kleinen Wasserfall unter einer großen Wanne. Über uns kreuzt der Rhein-Herne-Kanal, der nun zum treuen Wegbegleiter der Emscher wird.

»Die Emscher ohne Rhein-Herne-Kanal, dat wär' wie Dick ohne Doof.«

»Oder wie Curry ohne Wurst.«

Rhein-Herne-Kanal

Die beiden gehören einfach zusammen, die Emscher ist ohne Rhein-Herne-Kanal nicht vorstellbar und der Kanal nicht ohne die Emscher. Ja, streckenweise hat es sich der Kanal gleich im alten Bett der Emscher gemütlich gemacht, in Gelsenkirchen zum Beispiel oder in Herne, sodass man die beiden Gewässer verwechseln könnte, wenn sie nicht gänzlich unterschiedlichen Zwecken dienten: die Emscher dem Abwasser und der Kanal der Schifffahrt.

Tatsächlich hat man zu Beginn des Industriezeitalters ernsthaft überlegt, aus der Emscher eine Schifffahrtsstraße zu machen, ist aber bald wieder davon abgekommen. Wohin hätte man denn die Abwässer leiten sollen? Also plante man anders und zwar auf kaiserliches Geheiß. Los ging's

am Duisburger Hafen und mit sieben Kanalstufen oft dicht an der Emscher entlang bis nach Henrichenburg zum Dortmund-Ems-Kanal.
Kurz bevor der Erste Weltkrieg ausbrach, wurde der Rhein-Herne-Kanal offiziell eingeweiht. Ursprünglich endete der Rhein-Herne-Kanal natürlich in Herne, an einem Zweigkanal des Dortmund-Ems-Kanals. 1950 wurde dieser Stummel dem Rhein-Herne-Kanal zugeschlagen, der nun bis Dortmund führte. Dennoch hielt man an dem alten Namen fest.

»Der erste Kahn, der den Kanal befuhr, hieß übrigens *Tyd is Geld.*«

»Zeit ist Geld.«

»Und Geld regiert die Welt.«

Auch wenn Emscher und Rhein-Herne-Kanal brav nebeneinander herlaufen, hier in Henrichenburg kommen sie sich in die Quere. Schon Ende der 1890er-Jahre, als man den Abzweig des Dortmund-Ems-Kanals nach Herne baute, hat man ihn als Brücke über die Emscher geführt. Das war der erste Emscher-Durchlass.

In den 1920er-Jahren gab's Ärger im Pott. Weil das Deutsche Reich nicht länger die in Versailles auferlegten Reparationszahlungen leisten wollte oder konnte, hatten die Franzosen kurzerhand das Ruhrgebiet besetzt. Um den Abtransport der Kohle nach Frankreich zu sabotieren, brachten deutsche Widerstandskämpfer heimlich Sprengladungen an und jagten den ersten Emscher-Durchlass in die Luft.

Nachdem die Franzosen wieder abgezogen waren, baute man in unmittelbarer Nähe einen zweiten Durchlass, durch den die trübe Brühe der Emscher 1929 zu fließen begann. Der Kanal aber wurde immer breiter und tiefer, sodass man im Jahr 2012 den aktuell dritten Durchlass in Betrieb nahm.

Ob es noch einen vierten Durchlass geben wird? Wohl nicht zu erwarten.

Wir machen einen kleinen Abstecher nach Westen und radeln nun am Ufer des Rhein-Herne-Kanals entlang. Hinter einer Brücke sehen wir einen Angler sitzen. Für manche Männer im Emschertal gibt es nicht Schöneres, als sich von daheim fortzustehlen, um sich ein paar schöne Stunden am Kanal zu machen. Auch wenn Zweifler es nicht glauben wollen, im Rhein-Herne-Kanal tummeln sich die schönsten Fische. Wie sie dort hineingeraten? Davon kann uns Christoph Oberle erzählen.

Christoph Oberle lebt in Kosbach, einem Ortsteil von Erlangen, wo er eine bekannte Karpfenzucht betreibt. Der Spiegelkarpfen ist legendär, im Familienrestaurant schmackhaft zubereitet eine echte Delikatesse. Fränkische Karpfen aber kann man auch im Ruhrpott aus dem Wasser ziehen. Regelmäßig lädt Christoph Oberle aus den Kosbacher Weihern Tausende von Jungkarpfen in seinen Tanklaster, dann geht's auf große Fahrt. Im Rhein-Herne-Kanal lässt er den Nachwuchs dann vorsichtig wieder zu Wasser, zur Freude der Ruhrpottangler.

In seiner neuen Heimat scheint es dem Karpfen ausgesprochen gut zu gefallen. Drei Jahre braucht er, dann ist er zur richtigen Tellergröße herangereift. Ob in Bierteig ausgebacken oder »blau«, einfach lecker! Doch zuvor sollte man ihm ein ausgiebiges Entspannungsbad in der Badewanne gönnen. Danach schmeckt man ihm seine Freude am Schlammbad nicht mehr an.

»Auch der Koi stammt aus Kosbach, also genetisch betrachtet.«

»Wie das?«

Ein japanischer Biologie-Professor wollte die heimischen Goldfische vergrößern. Bei einem Besuch in Erlangen kam ihm angesichts der stattlichen Karpfen die geniale Idee. Ein deutscher Kollege fischte ihm einen Eimer von Karpfenkindern aus dem Weiher und machte sich damit auf die Reise, was damals nur mit dem Schiff möglich war. Die Hälfte der Karpfen überlebte die Strapazen des Transports nicht. Die anderen aber machten ihre Sache gut und paarten sich fröhlich mit den japanischen Goldfischen, sodass der leuchtende Koi heute zahlreiche Teichbesitzerherzen erfreut.

»Und schmeckt er auch?«

»Ignorant! Der Koi ist ein Kunstwerk, kein Lebensmittel.«

Nach einer Viertelstunde haben wir ein weiteres Zeugnis früher Ingenieurskunst erreicht.

Schiffshebewerk Henrichenburg

Große Aufregung in Dortmund, große Aufregung im ganzen Pott: Der Kaiser kommt! Es ist der 11. August 1899. Eine Tribüne hat man errichtet, eigens für diesen Moment, damit der hohe Gast mit seiner Entourage den historischen Akt bestens beobachten kann: die Inbetriebnahme eines technischen Meisterwerkes, des Schiffshebewerks Henrichenburg.

Einen großen Kanal hat man gebaut, um aus Dortmund eine Hafenstadt zu machen, den Dortmund-Ems-Kanal. Denn erst mit einem Kanal kann man Kohle und Stahl im großen Stil exportieren und das nötige Roherz zu den Stahlwerken bringen. Der Kanal ist bereits fertig, noch aber besitzt er eine große Stufe, die überwunden werden muss, eine Höhendifferenz von 14 Metern hinauf zum Dortmunder Hafen. Um die Stufe zu überwinden, hat Schiffbauingenieur Rudolph Haack ein Hebewerk konstruiert. Feierlich wird es von Kaiser Wilhelm II. eröffnet.

Ob der Kaiser damals schon den Hintergedanken hatte, dass dieses Bauwerk der kriegswichtigen Schwerindustrie dienen würde? Wir wollen es nicht hoffen. Das Geniale an dem Schiffshebewerk war: Es reichte ein Motor von der Stärke eines

VW-Käfers, um die schweren Kähne auf die richtige Höhe zu hieven. Wie das möglich ist? Rudolph Haack hatte tiefe Brunnen anlegen lassen, 33 Meter tiefe Wasserschächte. Wurde ein Schiff nach unten geschleust, tauchten fünf mit Luft gefüllte Hohlzylinder in die Brunnen ein. Ihr Auftrieb entsprach exakt dem Gewicht des Troges, der auf diese Weise mühelos wieder angehoben werden konnte.

»Aber das Schiff! Das Gewicht des Schiffes kommt doch noch hinzu«, gebe ich kopfschüttelnd zu bedenken.

»Und auch wieder weg! Das Schiff verdrängt exakt so viel Wasser, wie es selbst wiegt. Heureka! Denk an Aristoteles und seine Badewanne.«

»Die Ente aber bleibt draußen.«

Die Kähne, die seit 1899 den Dortmund-Ems-Kanal befuhren, waren immerhin bereits 67 Meter lang. Sie nannten sich ungelogen und in voller Länge »Dortmund-Ems-Kanal-Normalkähne«. Im Laufe der Jahre sind alle Kanäle und Schleusen mehrfach erweitert worden. Einerseits wollte man Platz für größere Schiffe schaffen, andererseits zwangen Bergschäden zum Handeln. Zum Glück aber blieb das alte Schiffshebewerk erhalten und auch die ehemalige Schleuse, durch die man jetzt mit dem Rad rollen kann.

Die kleine künstliche Insel im Zwickel der Kanäle und Schleusen ist ein lauschiger Ort, im Schleusenpark Waltrop gehen Natur und Industrieromantik eine gelungene Mischung ein. Eigentlich sollte man sich in Ruhe auf eine Bank setzen und zuschauen, wie sich die Abendsonne in den Kanalwellen spiegelt, doch ziehen von Süden dunkle Wolken auf, wir müssen zusehen, unser Quartier in Castrop zu erreichen, und schwingen uns wieder auf die Räder. Die Wolken werden schwarz und schwärzer, Wind kommt auf. In der Ferne fängt es an zu grummeln, dann zucken die ersten Blitze.

Historische Schleuse Henrichenburg und Hafen

Am Bahnhof von Rauxel stellen wir uns unter, gerade noch rechtzeitig, denn dem Guss, der da runterkommt, hätte auch unsere Regenkleidung nicht getrotzt. Nach einer halben Stunde ist das Gewitter vorbeigezogen, ein freundlicher Ladenbesitzer hat uns den Weg zu unserem Quartier beschrieben.

Das Haus Goldschmieding ist ein traditionsreicher Herrensitz. Entlang der Auffahrtsallee hat man ihm moderne Vorbauten spendiert, darin befindet sich das *Vienna-Hotel*. Dekorativ drapierte Fahrräder und Fahrradhelme lassen erahnen, dass Radler hier willkommen sind. Nach der obligaten Radlerdusche betreten wir das historische Haus und setzen uns zum Abendessen in den Festsaal, direkt vor einen prachtvollen Renaissancekamin. Die Wände zieren alte Familiengemälde. Wir befinden uns im Sommersitz eines Mannes, dessen Namen nicht unterschlagen darf, wer das Ruhrgebiet bereist.

William Thomas Mulvany

Er ist längst vergessen, dabei hat er das Ruhrgebiet geprägt wie kaum ein anderer. Thomas Mulvany stammt aus Irland, aus einem Vorort von Dublin, wo er 1806 als Sohn eines Kunstmalers zur Welt kam. In seiner Heimat bildete er sich zu einem Spezialisten für Landvermessung fort, der im Auftrag der englischen Herren im Lande den Kanalbau in Schwung bringen sollte.

1855 besuchte Mulvany erstmals das Emscherland, um sich ein Bild von dem zaghaft beginnenden Steinkohleabbau zu machen. Wie anders sah dieser Teil Westfalens damals noch aus! Die Städte waren klein und übersichtlich, Wiesen, Felder und Wälder verteilten sich auf sanften Höhenzügen, Bauern wühlten die Äcker mit ihren Ochsengespannen auf, und Pferde zogen die Getreidewagen auf holprigen Wegen zur Emscher, an deren sumpfigen Ufern sich die Wassermühlen drehten.

Mulvany erkannte das Potenzial, das sich unter dieser Idylle im Boden verbarg: Kohle ohne Ende! Dem Iren gelang es, Investoren zu überzeugen, und er brachte englische Ingenieure mit, die sich mit Bergbau auskannten. Mulvanys Zechen entstanden: Hibernia in Gelsenkirchen, Shamrock in Herne und Erin in Castrop, dazu kaufte der Ire andere Zechenanlagen auf.

Deutschland wurde William Thomas Mulvany und seiner Familie zur neuen Heimat, Pempelfort bei Düsseldorf wählte er zu seinem Hauptwohnsitz. Um das Heimweh zu bekämpfen, ließ er neben seiner Castroper Sommerresidenz – dem Haus Goldschmieding, einem ehemaligen Rittergut – eine Pferderennbahn und einen irisch-englischen Landschaftspark anlegen.

Beliebter als bei seinen Geldgebern aber war er beim Volk, kümmerte er sich doch mehr um den Ausbau der Verkehrswege als

Haus Goldschmieding

um den Ertrag seiner Zechen. Mulvany hatte erkannt, dass der langfristige Erfolg der Ruhrkohle vom Export abhing, er wollte einen Weltkonzern schaffen, der seine Kohle bis Argentinien und in die USA lieferte. So war der Bau eines Emscherkanals eine seiner Ideen, genauso wie der des Düsseldorfer Hafens. William Thomas Mulvany starb im Oktober 1885 in Düsseldorf, seine Grabstätte ist noch zu besuchen. Die Wahl seines rheinischen Wohnsitzes ist bis heute von Bedeutung: Vor den Toren des Ruhrgebiets wurde dessen Hauptverwaltung etabliert, Düsseldorf avancierte zum Schreibtisch des Ruhrgebiets. Seinen Aufstieg zur Landeshauptstadt von NRW hat Düsseldorf nicht zuletzt William Thomas Mulvany zu verdanken.

Auch heute noch speist man sehr gut in dem hübschen Sommersitz. Irische Küche steht zwar nicht mehr auf der Speisekarte, dafür jedoch regionale Spezialitäten wie Pfefferpotthast. Dazu ein frisch gezapftes Pilsken beziehungsweise eine Weinschorle, Radlerherz, was begehrst du mehr?!

Dritter Reisetag: durch das Herz des Ruhrpotts

Taubenvatta-Denkmal

Dritter Reisetag: durch das Herz des Ruhrpotts

Ein Tag voller Überraschungen und Kontraste. Wir staunen über beeindruckende Relikte von Stahlhütten und aus dem Bergbau, gleich darauf über Schlösser aus dem Mittelalter und der Renaissance. Wir klettern auf begrünte Kohlehalden, blicken über die Stadt der tausend Feuer und begegnen alten und neuen Emscherbewohnern. Außerdem treffen wir mutige Helden, alte Freunde und den bekanntesten Taubenvater.

Castrop: historischer Ortskern und Zechenromantik

Nach einem ausgiebigen Frühstück drehen wir noch eine Runde durch den Park von Haus Goldschmieding. Viele der alten Bäume dürften noch aus der Zeit von William Thomas Mulvany stammen, vielleicht auch der weidenumstandene Teich. Die Skulpturen, die das Grün zieren, sind allerdings moderner. Eine Tafel erzählt uns von der Geschichte des Hauses, die Erben Mulvanys hatten das Haus 1905 an die Gelsenkirchener Bergwerks-AG verkauft, die es 1950 für zwei Jahrzehnte der »Gesellschaft für moralische Aufrüstung« überlassen hatte.

»Gesellschaft für moralische Aufrüstung? Ich dachte immer, nur Abrüstung sei moralisch!«

Auf geht's zur historischen Innenstadt von Castrop. Am Ende der Oberen Münsterstraße, am Kuopio-Platz, steht ein anrührendes Bronzedenkmal. Zärtlich hält ein beleibter Mann in bequemer Kleidung eine Taube in den Händen, auf einem Korb aus geflochtenen Weiden sitzt ein weiterer Vogel.

Der Taubenvater

Kleinvieh spielte im Ruhrpott immer eine besondere Rolle. In unserer alten Turnvater-Jahn-Halle roch es montags oft streng, was nicht an unserem Schweiß lag, sondern an den Karnickeln, die man am Sonntag dort ausstellte, oder an Hühnern, die ebenfalls von gestrengen Preisrichtern begutachtet wurden.
Die größte Liebe vieler Züchter aber galt den Tauben. Angeblich waren es Brieftauben, die in den Zeiten, als das Telefon noch nicht erfunden war, die Ergebnisse von Auswärtsspielen ins Ruhrgebiet brachten. Meist aber diente der Orientierungssinn der findigen Vögel weniger praktischen Zwecken; der Wettkampf zwischen den Tauben und ihren Vätern war es, der die Gemüter erhitzte.
Im Ruhrpott entflammte vielerorts eine regelrechte Wettkultur. Anderswo wurde auf die schnellsten Pferde gewettet, in den Ruhrpottkneipen aber auf Willi oder Fritz und wie die Täuberiche alle hießen. Denn fliegen dürfen nur die Männchen. Sie allein verfügen über genügend Motivation, um so schnell wie möglich den heimatlichen Horst zu erreichen. Vielleicht sollte man besser sagen: Sie leiden unter diesem Motiv – es heißt nämlich Eifersucht.
Bevor man die Täuberiche auf die Reise schickt, trennt man sie von ihren Weibchen und lässt sie durch ein Gitter zuschauen, wie ein Nebenbuhler ihrem Weibe schöne Augen macht. Dermaßen von Eifersucht geplagt, von Androgenen und Adrenalin gepeinigt, ist den gehörnten Täuberichen kein Weg zu weit, ihr Weibchen zurückzuerobern und dem Konkurrenten zu zeigen, was 'ne Harke ist.

»Wie viele Taubenväter wären wohl stante pede nach Hause gelaufen, wenn man statt ihrer Tauben sie selbst auf die Reise geschickt hätte?«

»Wahrscheinlich wären sie zusammen in die nächste Kneipe und hätten sich einen hinter die Binde gekippt.«

»Und ihre Frauen wären wutentbrannt aufgebrochen, um die sauberen Herren Ehemänner wieder nach Hause zu holen.«

»Tauben sind eben die besseren Menschen.«

Im Giebel eines benachbarten Hauses ist ein weiterer Teil des Taubenvatta-Denkmals angebracht, die gleichfalls aus Bronze gearbeitete Tür eines Taubenschlags mit einer dritten Taube auf dem Startbrettchen. Wir wünschen ihr einen guten Flug und fahren durch den historischen Stadtkern von Castrop.

Hauptförderschacht Erin 7 im begrünten Gelände, Castrop

Zeche Erin

Unmittelbar hinter dem Altstadtring grüßt als Landmarke ein hohes Gerüst, das wie ein »R« aussieht. Der ehemalige Hauptförderschacht gehört zu Schacht 7, vier große Buchstaben verkünden den Namen der dazugehörenden Zeche: »Erin«.

Über die Namen der Ruhrpottzechen könnte man ein eigenes Buch schreiben. »Erin« erhielt seinen Namen von Mulvany höchstpersönlich. Irland heißt auf Gälisch »Éire«, was sich vom Namen der Göttin Ériu ableitet, der mächtigen Beschützerin der grünen Insel, die Mulvany wohl auch zur Beschützerin seiner Castroper Grube machen wollte.

Vielleicht hätte Mulvany lieber eine westfälische Gottheit wählen sollen. Zwar wurde nach den notwendigen Vorarbeiten auf Erin 1867 die erste Kohle geschürft, der Berg aber sollte sich als tückisch erweisen. Immer wieder brach Wasser ein, hinzu kamen mehrere Schlagwetterkatastrophen, bei denen viele Bergleute ihr Leben ließen. Das Unternehmen ging bankrott, die Zeche fiel in einen Dornröschenschlaf, bis sie von Friedrich Grillo und der neuen Gewerkschaft Erin wieder wach geküsst wurde.

»Hör, was Wikipedia schreibt: ›Diese Gewerkschaft investierte nun umfangreich in die ersoffenen Grubenbaue und sümpfte sie mit Erfolg.‹«

»Sümpfte sie mit Erfolg. Ganz 'ne eigene Sprache.«

»Weißte, was abteufen bedeutet?«

»Aber sicher! Wenn man einen Schacht in die Tiefe treibt, nennt man das abteufen.«

Rainer kennt sich aus. 4.000 Menschen haben hier einmal gearbeitet, 1983 war auf Erin endgültig Schicht im Schacht. Zum Glück aber hat man einige Symbole der Zechengeschichte erhalten, was engagierten Bürgern zu verdanken ist, die einen Förderverein gegründet haben. Neben dem Fördergerüst von Schacht 7 steht noch der sogenannte Hammerkopfturm über dem Wetter- und Seilfahrtschacht Erin 3. – Wetterschacht, wieder so ein Begriff aus der Bergmannssprache.

Unter »Wetter« versteht man die Luft in einem Bergwerk. »Frischwetter« liebt der Bergmann, denn was atmet sich besser als die natürliche Außenluft? »Matte Wetter« liebt er weniger, matt wird man, weil nicht genügend Sauerstoff vorhanden ist. Bei »giftigen Wettern« hat sich Kohlenmonoxid oder ein anderes gefährliches Grubengas in die Atemluft gemischt, den größten Respekt aber hat der Bergmann vor »schlagenden Wettern«, denn dann ist Methan aus dem Gestein geströmt. Erreicht das brennbare Gas eine Konzentration von 9,5 Prozent, drohen Feuer und Explosionen. Um die Wetter im Berg zu verbessern, wurden Wetterschächte angelegt, also Belüftungsanlagen – und das seit den Anfängen,

Turmhaus von Schloss Bladenhorst

Verwunschene Wassergräben

wie wir am Wetterschacht der Zeche Margaretha in Holzwickede erkennen konnten.

»Übrigens hat man auf Erin auch kräftig gekokst.«

»Willste mich auf die Schüppe nehmen?«

»Ne, ne, hier war zugleich eine riesige Kokerei. Höchststand 1957, fast eine Million Tonnen.«

»Mein lieber Scholli!

Erreicht die Steinkohle eine Temperatur von tausend Grad, schwitzt sie ihre Schadstoffe aus, wie wir gehört haben. Im Grunde ist eine Kokerei also nichts anderes als eine Sauna für Kohle. Nicht nur für die Feuerung der Hochöfen hat man Koks verwendet, die Menschen im Pott haben damit auch ihre Wohnungen geheizt. Weil der Koks schadstoffärmer ist als Kohle, stank es nicht ganz so fürchterlich aus den Kaminen. Mit dem Ende der Kohleförderung ist mit den Kokereien noch lange nicht Schluss. Wie soll man sonst Stahl produzieren? Drei aktive Kokereien gibt es noch im Ruhrgebiet.

»Um den alten Iren Mulvany zu ehren, hat man das frühere Zechengelände nach dem Muster einer irischen Parklandschaft gestaltet und rings um den Hammerkopfturm einen keltischen Baumkreis gepflanzt.«

»Baumkreis? Ich dachte, die Iren hätten's eher mit Steinkreisen gehabt.«

»Bäume tun's auch.«

Wir lassen die Räder stehen und klettern auf die benachbarte Halde, von der wir einen schönen Blick über das Freizeitgelände und den auf dem ehemaligen Zechengelände entstandenen Technologie- und Gewerbepark genießen. Seltsame pyramidenähnliche Betonklötze geben uns Rätsel auf. An ihren Spitzen sind Reste von Eisenarmierungen zu sehen. Welchem Zweck werden sie einst gedient haben? Heute können die Castroper Kinder prima dazwischen Versteck spielen.

Kohle für die Kohle

Ein jeder Bergmann im Revier bekam sie: seine Gratiskohle. Was für die Brauleute ihr Haustrunk, war für die Kumpel ihr Kohle-Deputat. Hatte man den Kohlenkeller geleert, kam pünktlich der Laster und schüttete neue Kohle nach. Jetzt aber wurde die letzte Zeche geschlossen, was nun?
Die Ruhrkohle AG, allgemein nur RAG genannt, und die Bergbaugewerkschaft hatten vereinbart, für die nun ausbleibenden Hauslieferungen eine einmalige Abfindung zu zahlen. 2.500 Euro aber waren manchen Kumpels zu wenig. Hatte man ihnen bei ihrer Einstellung nicht versprochen, keiner fällt ins Bergfreie? Einige Hundert Bergleute zogen vor Gericht, wollen mehr Kohle für die Gratiskohle. Ausgang ungewiss.

Ein Gutes aber hat die Sache. Immerhin verschwinden nun die letzten Kohleöfen im Revier. Neben den hohen Schloten der Fabriken haben auch all die kleinen Hauskamine kräftig zur »Aromatisierung« der Luft des Ruhrgebietes beigetragen.

Schloss Bladenhorst

Auf dem Weg zurück zur Emscher kommen wir an einem verwunschenen Wasserschloss vorbei. Allein das turmähnliche Torhaus im Stil der Renaissance ist ein Hingucker. Schloss Bladenhorst hat eine lange Geschichte, die bis ins 13. Jahrhundert zurückreicht. Auch wenn es offiziell nicht zu besichtigen ist, stellt sich uns doch keine Torwache in den Weg, als wir den Wassergraben passieren. Ein weiblicher Torso spiegelt sich in den Wellen, sehr blass und schon bemoost, jedoch kein Grund, die Polizei zu rufen, es scheint sich um Kunst zu handeln. Hübsch angelegt und auf wilde

Rank und schlank – die Kirche von Pöppinghausen

Weise gepflegt ist der Garten zwischen Wassergraben und Schlossmauern, es blüht und duftet an jeder Ecke. Hoch auf dem Dach des Torhauses hat sich eine Gans niedergelassen. Will sie den abwesenden Wetterhahn vertreten?

Die Emscherinsel

Über den Rhein-Herne-Kanal geht es auf die Emscherinsel zurück. Emscherinsel nennt sich der schmale, aber sehr lange Streifen zwischen Emscher und Rhein-Herne-Kanal, der beim Wasserkreuz Henrichenburg beginnt und beim Stadion von Rot-Weiß Oberhausen endet. Nicht sehr dicht besiedelt erscheint uns die Insel. Eine kleine Kirche grüßt am Wege: Pöppinghausen. Ein handgefertigtes Schild bittet Autofahrer um Vorsicht.

Na, wenn der Pfarrer drum bittet, steigt auch der hartnäckigste Verkehrssünder auf die Bremse. Nach ein paar Flusskilometern erreichen wir die ehemalige Kläranlage Herne, an der sich, wer will, wieder an Herbert Knebels Emscherweisheiten erheitern kann. Nicht weit weg, ein Stück südlich der Emscherinsel, befindet sich ein weiteres Wasserschloss, ein Standort des Emschertal-Museums.

Ohne Worte – Pöppinghausen

Schloss Strünkede

Ein Strunk ist ein gerodeter Baum. Anzunehmen also, dass Schloss Strünkede auf einer Rodung errichtet worden ist. Lange her - bereits 1142 wurde ein Wessel von Strünkede erwähnt. Das Schloss hat bewegte Zeiten erlebt; die noch vorhandenen Schießscharten sprechen für sich. Zusätzlich hatte man das Gemäuer mit einem Wassergraben umgeben. Dass man im Emscherland schon damals nicht zu genau mit der Qualität von Gewässern umgegangen ist, beweist eine in den Neubau von 1664 eingelassene Nische in der Außenwand: das mutmaßlich älteste WC Westfalens.
Auch der Ruf einiger der Herren von Strünkede hatte ein Geschmäckle. Am schlimmsten getrieben haben soll es der tolle Jobst. Befreit wurde die Erde erst von ihm, als der Wüstling sich erdreistete, der verheirateten Frau eines Untertanen an die Wäsche zu gehen – ein Fehler, handelte es sich doch um die Frau des Schmieds. Der Schmied nahm seinen Hammer, holte aus und erschlug den tollen Jobst.

Mit der Frau des Schneiders wäre ihm das nicht passiert. Augen auf bei der Partnerwahl! Jobsts gleichnamiger Enkel machte es besser. Statt auf die Schönen im Lande konzentrierte er sich auf die schönen Künste. Jobst der Gelehrte steht heute in Stein geschlagen neben seiner Frau Hendrika, umgeben von seiner Kinderschar, im Emschertal-Museum, das seit 1938 mit kriegsbedingten Unterbrechungen im Schloss seine Heimat gefunden hat.

Der Niedergang des Schlosses ist eng mit dem Aufstieg des Bergbaus verknüpft. Am Strünkeder Bach hatte man eine Mühle betrieben, durch den Bergbau senkte sich das Gelände, der Bach begann rückwärts zu fließen und der Schlossteich lief trocken. Zähneknirschend nahmen die Besitzer im Jahr 1900 das Angebot der örtlichen Bergbau AG an, das Schlossareal zu verkaufen. Aus dem Schloss machte man eine Gastwirtschaft, was dem Haus nicht guttat.

Auch der gotischen Schlosskapelle, dem ältesten Gebäude des Schlosses, erging es nicht gut. Eine Zeit lang diente sie sogar als Hundehütte. Durch Brandbomben im Zweiten Weltkrieg arg ramponiert, wurde sie wieder instand gesetzt. Wer will und evangelischen Glaubens ist – die Kapelle war lange Pfarrkirche der reformierten Gemeinde –, kann sich dort das Ja-Wort geben. Allerdings muss er sich darüber im Klaren sein, dass einer der Trauzeugen der tolle Jobst sein wird. Er liegt in der Kapelle begraben.

Recklinghausen: Grubenpferdchen und Panoramablicke

Wenig später haben wir den Süden Recklinghausens erreicht und schauen erstaunt durch die Uferbüsche. Was baumelt denn da über der Emscher? Lauter bunte Pferdchen! Eine fröhliche Installation zur Erinnerung an ganz besondere Pferdchen, die bei einer Mährenfurt die Emscher querten.

Der Emscherbrücher Dickkopp

Im Emscherbruch zwischen Waltrop und Bottrop, in den Auen und Feuchtwäldern, fühlte er sich pudelwohl, aber auch zwischen Ickern und Mengede wurde er gesichtet: der Emscherbrücher Dickkopp. Urkundlich erwähnt wurden die robusten Wildpferde bereits 1369. Die adeligen Familien entlang der Emscher genossen das Privileg, das Lasso schwingen zu dürfen.
Am Laurentiustag herrschte in Crange großes Hallo. Dann wurden die eingefangenen Wildpferde von den Emscher-Cowboys auf den Pferdemarkt getrieben und versteigert. 1841 war end-

gültig Schluss damit. Man hatte die letzten Emscherbrücher nach Dülmen verkauft; in den dortigen Wildpferden leben ihre Gene bis heute fort. Und in der Heraldik! Im Wappenbild von Wanne-Eickel trabte er fröhlich wiehernd durch die Natur. Als Wanne-Eickel 1975 zu Herne kam, ist er einfach ins neue Wappen gesprungen: der Emscherbrücher Dickkopf.

Das traurigste Schicksal begann für die Dickköppe, als sie ab 1840 unter Tage malochen mussten. Später hat man spezielle Weiterzüchtungen und andere Rassen als Grubenpferde benutzt, meistens waren es gutmütige Ponys mit gedrungenem Körperbau. Die armen Tiere mussten dauerhaft im Dunkeln bleiben, selbst wenn die Schicht vorüber war, in der sie die schwerbeladenen Waggons die Gänge entlanggezogen hatten. Traten die Kumpel ihren Feierabend an und fuhren hinauf, um das Tageslicht zu begrüßen, blieben die Pferde in einem Verschlag im Berg.

Die Grubenpferde gehörten nicht den Grubenbesitzern, sondern wurden von Bauern ausgeliehen. Und das in großem Stil. Allein die Gelsenkirchener Firma Bischoff vermietete Tausende von Pferden. Nur wenn ein Pferd erkrankte, durfte es wieder ans Licht. Zuvor aber bekam es eine Augenbinde umgebunden, die jeden Tag ein wenig mehr gelockert wurde. An die lange Dunkelheit adaptiert, wären sie durch das plötzliche Sonnenlicht erblindet.

Über hundert Jahre versahen die Grubenpferde im Pott brav ihren Dienst, in Enge, Hitze, Staub und Lärm. Kaum zu begreifen, wie sie das ausgehalten haben. Im August 1966 verließ Seppel, das letzte deutsche Grubenpferd, seinen finsteren Arbeitsplatz.

»Nicht nur wir Westfalen haben unsere Dickköppe, auch unsere Pferde hießen so!«

»Wie das Pferd, so der Westfale: dickköpfig, aber brav und gutmütig.«

»Und nicht kaputtzukriegen.«

So schwarz weint keine Nacht am schwarzen Gitter
wie in dem schwarzen Schacht das blinde Pferd.
Ihm ist, als ob die Wiese, die es bitter
in jedem Heuhalm schmeckt, nie wiederkehrt.

Eindrucksvoller hat kein Dichter das Schicksal der Grubenpferde besungen als Paul Zech (1881–1946). Zech! Natürlich! Wer anders als ein Mann, der das Bergwerk schon im Namen führt, kann ein solches Gedicht schreiben? Auch die anderen Strophen gehen unter die Haut. Wer sie lesen möchte, sei auf den Anhang verwiesen. Das bekannteste Gedicht Paul Zechs wurde 1959 von Klaus Kinski kongenial interpretiert und drehte sich auf vielen Plattentellern: »Ich bin so wild nach deinem Erdbeermund.« Alle dachten, es sei eine Übersetzung von François Villon, es war aber Paul Zech pur.

Förderturm Zeche Recklinghausen II

Apropos Plattenteller. Unser Lieblingsonkel war lange Zeit Onkel Wolfgang, ein Bruder unserer Mutter. In den 1960er-Jahren verdiente er eine Zeit lang sein Geld damit, die Jukeboxen des Ruhrgebiets mit frischen Hits zu beschicken; jede Eckkneipe, die etwas auf sich hielt, hatte sich so ein Ding angeschafft. Die alten Platten aber brachte Onkel Wolfgang bei uns vorbei, eine Fundgrube, die unseren Musikgeschmack schwer beeinflussen sollte. Da drehte sich der »Kriminaltango«, schob der Babysitter-Boogie-Mann seinen Kinderwagen durch die Stadt, bot Bill Ramsey »Souvenirs, Souvenirs« an und selbst die Beatles sangen auf Deutsch »Ich lieb dich, yeah, yeah, yeah« und auf der B-Seite »Komm, gib mir deine Hand!«

»›She loves you‹ hätte ja kein Deutscher in den 1960er-Jahren verstanden.«

»I wanna hold your hand!«

Rundblick von Halde Hoheward

Woran erkennt man, dass in der Erde ein Maulwurf aktiv ist? Richtig, an den Maulwurfshügeln. Die Maulwurfshügel des Reviers, das sind seine Halden. Allein der Regionalverband Ruhr besitzt 30 dieser Hügel. Eine der eindrucksvollsten Halden erhebt sich vor uns am Emscherufer, die Bergehalde Hoheward. Wer für diese künstliche Erhebung mitverantwortlich ist, haben wir schnell ausgemacht – ein Förderturm der Zeche Recklinghausen II steht noch schuldbewusst in der Gegend herum. Böse blickt ein Drache in seine Richtung, uns aber lässt er freundlich auf seinem Rücken über die Cranger Straße radeln, mitten durch seine Rippen hindurch. Die Drachenbrücke gefällt uns. Sie führt uns hinauf zur Halde Hoheward. Auf der halben Höhe des Landschaftsparks hat man einen Rundweg mit dem verheißungsvollen

Namen »Balkonpromenade« angelegt. Den wollen wir uns anschauen.

Tatsächlich macht die Promenade ihrem Namen alle Ehre. In regelmäßigen Abständen laden luftige Balkone dazu ein, die Aussicht zu bewundern. Von Balkon Nummer 7 sehen wir südlich der Emscher Herne liegen. Auch Herne hatte mal einen erfolgreichen Fußballverein. Westfalia Herne ist 1959 immerhin Westdeutscher Meister geworden, später spielte man für einige Jahre in der Zweiten Bundesliga.

Als Rot-Weiß Essen wieder einmal zu Gast war, es muss 1965 gewesen sein, leistete sich ein durch seinen Watschelgang auffallender Spieler ein überflüssiges Foulspiel. »Herr Lippens, ich verwarne Ihnen«, ermahnte ihn der Schiedsrichter und zückte die Gelbe Karte. »Herr Schiedsrichter, ich danke Sie«, antwortete »Ente« Lippens, worauf die Rote Karte folgte.

»Keinen Humor, der Schiedsrichter.«

»Im Gegensatz zu Ente Lippens. Als er mal erfolglos vom Angeln am Rhein-Herne-Kanal kam, meinte er nur trocken, die Fische seien alle zu einer Beerdigung nach Bottrop, ein Hecht sei gestorben.«

Im Dunst sehen wir Mont Cenis liegen. Der Mont Cenis ist eigentlich kein westfälischer Schlittenhügel, sondern ein gewaltiges Bergmassiv in den französischen Alpen. Im Jahr 1871 gelang es, einen Tunnel durch das harte Gestein zu schlagen, 13 Kilometer lang, mit den Mitteln der damaligen Zeit eine gewaltige Leistung. Den Tunnelbauern zur Ehre taufte man die neue Steinkohlenzeche des heute zu Herne gehörenden Orts Sodingen »Mont Cenis«. Auch die Herkunft der Betreiber mag bei der Namensgebung eine Rolle gespielt haben; die beiden stammten aus Frankreich, was uns ein wenig verwundert, war doch gerade erst der deutsch-französische Krieg zu Ende gegangen. Iren, Franzosen, Belgier … Bergleute scheinen immer schon international gedacht zu haben. Sympathisch.

Auch was dort im Sonnenschein blitzt, der riesige Glaspalast, ist ein deutsch-französisches Gemeinschaftsprojekt: die Akademie Mont-Cenis. Wer an kalten Füßen leidet, sollte sich hier um einen Arbeitsplatz bewerben. Ein raffiniertes Zusammenspiel verschiedener Gebäudetechniken sorgt für ein mediterranes Klima.

Auf dem Dach befindet sich das bei seiner Errichtung größte gebäudeintegrierte Solarkraftwerk der Welt. Wolkenförmig angebracht, sorgt es zugleich für eine angenehme Verschattung an heißen Sommertagen. Eine Batteriespeicheranlage füllt sich mit Strom, wenn die westfälische Sonne zu kräftig scheint, und gibt ihn wieder ab, wenn es dunkel wird. Hell und modern auf dem alten Zechengelände stehend ist die Akademie Mont-Cenis ein schönes Symbol für die Energiewende.

»56 Sauerländer Fichtenstämme tragen die Last des Gebäudes.«

»Der Sauerländer hält was aus.«

Auf geht's zum nächsten Balkon. Wir bewundern den Mischwald, der schon zu erstaunlicher Höhe herangewachsen ist, Buchen, Kiefern, Wacholder, Weißdorn ... Der Landschaftspark mausert sich. Am Balkon Nummer 8 steigen wir wieder ab und schieben über den Gitterrost an die Balustrade.

Vor uns der Rhein-Herne-Kanal, auch den Westhafen von Herne erkennen wir, der früher mal zu Wanne-Eickel gehörte, bevor es eingemeindet wurde. Wieder tuckert ein Schiff vorüber. Was mag es geladen haben? Viele Güter sind auf dem Rhein-Herne-Kanal transportiert worden, von der vielleicht explosivsten Ladung soll nun erzählt werden.

Gefährliche Ladung

Mit der Machtergreifung 1933 sind die Nazis noch längst nicht am Ziel. Nicht im Ruhrgebiet. Überall bilden sich Widerstandszellen, in den Bergwerken, den Eisenhütten und der Rüstungsindustrie genauso wie bei den Eisenbahnern. Die Presse aber ist gleichgeschaltet. Wie soll man die Leute wachrütteln, wie Aktionen gegen die Unrechtsherrschaft organisieren?

Jupp Koke ist Schiffer. Er wohnt direkt am Kanalhafen von Wanne-Eickel. Regelmäßig fährt er mit seinem Kohlekahn den Rhein-Herne-Kanal hinunter nach Duisburg und dann den Rhein hinauf bis nach Straßburg. Hat er die Kohlen aus dem Bauch seines Schiffes gebaggert, wartet er, bis es Nacht wird. Im Schutze der Dunkelheit nimmt er eine besondere Ladung auf.

Zeitungen und Flugblätter. Klare Worte, die Mut machen sollen, den Kampf gegen Hitler nicht aufzugeben. Jupp Koke versteckt alles sorgfältig im Kohlenbunker seines Schiffes. Wenige Tage später ist er zurück im Pott, wo seine Freunde schon auf ihn warten. In Herne, in Wanne und in Gelsenkirchen verteilen sie die heimlich eingeschmuggelte Ware, setzen ein Zeichen gegen Hitler.

Wütend machen die Flugblätter in den Parteibüros der NSDAP die Runde, rasch informiert man die Geheime Staatspolizei. Wer sind die Schurken, wer steckt dahinter? Mit verbissenem Eifer betreibt man die Ermittlungen, bedroht Zeugen, presst aus ihnen die Wahrheit heraus. Es ist das Jahr 1936. Gerade noch rechtzeitig kann Jupp Koke nach Holland fliehen. Als aber der Krieg ausbricht, besetzt die Wehrmacht die Niederlande, der Wehrmacht folgt die Gestapo. Jupp Koke wird verhaftet und nach Deutschland verschleppt. Im Zuchthaus von Brandenburg wird der mutige Schiffer von den Nazi-Schergen erschlagen.

Zu Balkon Numero 9 ist es nicht weit. Von hier aus haben wir eine benachbarte Halde gut im Blick, die Halde Hoppenbruch. Diese deutlich niedrigere und dicht bewaldete Bergehalde hat eine besondere Geschichte. Das aus der Tiefe geholte und zu einem Hügel aufgetürmte Gestein hat man nicht in Ruhe gelassen, sondern begonnen, ein weiteres Mal in ihm herumzugraben.

Während des Zweiten Weltkriegs hat man in der Halde Hoppenbruch Schutzbunker für die Bergarbeiter und die Anwohner angelegt. Die am Ende des Krieges verrammelten Zugänge wurden in den 1970er-Jahren wieder geöffnet und drei verschiedene Strebe, drei Streckenvortriebe und ein Schacht angelegt. Was entstand, war ein Bergwerk-Imitat. Wer will, kann dort nach Herzenslust neue Maschinen und Anlagen ausprobieren und sich die Technik des Bergbaus beibringen lassen.

»So ’ne Art Verkehrsübungsplatz für Bergleute?«

»Oder interessierte Laien. Wir Männer buddeln halt gerne.«

Als wir Balkon Nummer 10 erreichen, gleitet ein Lächeln über Rainers Gesicht. Heimatland! Hinter dem Zechengelände Herten erstreckt sich zu unseren Füßen seine Geburtsstadt: Gelsenkirchen.

»In meiner Jugend trug es noch den Ehrennamen: Stadt der tausend Feuer.«

Überall ragten Schlote in den Himmel, aus denen Gas abgefackelt wurde, ein gigantisches Spektakel, das längst der Vergangenheit angehört. Heute nutzt Gelsenkirchen das große Himmelsfeuer, um Energie zu erzeugen. Die Stadt der Hochöfen hat sich zu einem Zentrum der Solarindustrie entwickelt.

Eine der ersten Solarfabriken Deutschlands ist 1994 hier entstanden, 1995 das damals größte Solardach der Welt auf dem Wissenschaftspark, 2007 folgte eine Laboreinheit des »Fraunhofer-Instituts für Solare Energie«, 2008 errichtete ein Wohnungsunternehmen die größte Solarstromsiedlung der Bundesrepublik. Seit 2004 nennt sich Gelsenkirchen offiziell *Solarstadt*.

»Ständig hält man Ausschau, auf welches Dach noch eine Solarzelle geschraubt werden kann.«

»Was ist mit der Veltins-Arena?«

»Werden wir erkunden!«

»Und woher kommt der Name Gelsenkirchen eigentlich?«

»Gibt verschiedene Theorien. 1150 tauchte der Name Geilistirinkirkin auf. Ein Germanistikprofessor hat's so übersetzt: Kirche am Platz, wo sich die geilen Stiere tummeln.«

»Father bull and son bull are standing on a hill …«

Herten: Zeche Ewald

Von Balkon 10 haben wir wieder einen guten Blick über eine ehemalige Zechenanlage. Von der Hertener Zeche Ewald steht noch das Fördergerüst über Schacht 7. Es weicht von seinen Brüdern in Castrop und Recklinghausen ab, es ist ein Doppelbockfördergerüst.

Am 14. Dezember 1971 kam es während der Morgenschicht zu einem furchtbaren Unglück. In 950 Metern Tiefe wurden elf Bergleute eingeschlossen, sechs von ihnen konnten nur noch tot geborgen werden. Bergmann war einmal ein höchst ehrenwerter Beruf. Die Achtung, die man ihm entgegenbrachte, speiste sich zu einem guten Teil auch aus der Gefährlichkeit seiner Arbeit. Fuhr man morgens in den Berg, hatte niemand eine Garantie, wieder heil ans Tageslicht zu kommen.

Unglücke waren trotz aller Sicherheitsvorkehrungen an der Tagesordnung. Tausende von Toten hat es allein im Ruhrpott gegeben. Der alte Bergmannsgruß »Glück auf!« drückt ja nichts anderes aus als die Sehnsucht nach einem glücklichen Ende des Arbeitstages. Schlagwetterexplosionen, Grubenbrände oder der Einbruch von Wasser- oder Gebirgsmassen waren eine ständige Bedrohung. Außerdem konnte der Förderkorb abstürzen oder das Gestänge der Fahrkunst brechen.

Rainer weiß von einem Unglück, bei dem das Förderseil riss, nachdem der Förderkorb im Berg bereits zum Stehen gekommen war. Das tonnenschwere Seil stürzte dem Korb hinterher und zermalmte ihn, alle Kumpel waren auf der Stelle tot. Brutal.

Das schwerste Grubenunglück im Ruhrgebiet ereignete sich 1946 im Schacht Grimberg 3/4 der Zeche Monopol, 405 Kumpel kamen dabei ums Leben. Anrührend sind die zahllosen Geschichten, wie überlebende Bergleute unter

Einsatz ihres eigenen Lebens versucht haben, ihre verschütteten Freunde zu befreien. Und die Solidarität der Kumpel machte nicht an irgendwelchen Grenzen halt. Hierzu gibt es eine ergreifende Geschichte.

Die Helden von Courrières

Courrières, Pas-de-Calais, 10. März 1906. Im französischen Kohlerevier ereignet sich um 6:30 Uhr eine gewaltige Explosion unter Tage, die schlimmste Bergwerkkatastrophe Europas. Wahrscheinlich hat eine offene Grubenlampe Kohlenstaub entzündet; die Druckwelle erschüttert Schächte und Fördertürme, verschüttet 2.000 Kumpel.

Als die Nachricht von der Katastrophe ins Ruhrgebiet dringt, weiß jeder, was das bedeutet. Bergmeister Konrad Engel aus Dortmund ergreift die Initiative. Wer kommt mit, den Verschütteten zu helfen? 25 Freiwillige brechen auf, Grubenwehrmänner von den Zechen Shamrock aus Herne und Rheinelbe aus Gelsenkirchen.

An der französischen Grenze will man sie zunächst nicht ins Land lassen. Ist das nicht der Erzfeind aus Deutschland? Rüstet man nicht zu einem neuen großen Krieg? Die Rettungstruppe versteht die Welt nicht mehr. Mann! Es ist keine Zeit zu verlieren! Jede Stunde, jede Minute zählt. Endlich öffnet sich der Schlagbaum, eilen die Retter weiter.

Am Unglücksort herrscht ein einziges Chaos. Ungläubig schaut man die Deutschen an, dann weist man ihnen den Weg. Mit Atemmasken fahren sie ins Dunkel, kämpfen sich durch die Gasschwaden, helfen, wo noch zu helfen ist, und bergen die Toten, auch Kinder sind darunter. Furchtbar ist die Trauer, über tausend Opfer sind zu beklagen. Der Tod triumphiert. Einen Sieg aber hat es dennoch gegeben, den Sieg der Herzen über den dumpfen Hass der Nationalisten.

Als nach dem Ersten Weltkrieg französische Truppen wegen ausstehender Reparationsleistungen das Ruhrgebiet besetzten, führte man festgenommene Bergleute vor das Militärgericht, die sich am Boykott beteiligt hatten. Der französische Richter erkannte jedoch die Ehrenmedaillen an ihren Bergmannsuniformen und ließ die Gefangenen auf der Stelle frei. Sie hatten sie in Frankreich als Auszeichnung für ihre Hilfe in Courrières erhalten. Nach dem Zweiten Weltkrieg setzte die Stadt Herne ein weiteres Zeichen für die Völkerversöhnung. Auf die Initiative der Herner kam es zu einer der ersten deutsch-französischen Städtepartnerschaften.

Von Balkon 11 aus bekommen wir einen Überblick über die Transformation des Zechengeländes Ewald in einen Zukunftsstandort. Besonders Logistikunternehmen scheinen sich in den Standort verliebt zu haben, kein Wunder, ist das Ruhrgebiet doch wie kaum eine zweite europäische Metropolregion durch Verkehrswege erschlossen. Die Nähe zum Rhein-Herne-Kanal ist für viele Unternehmen weiter sexy.

Allein, der Anblick mag uns nicht befriedigen. Was für eine einfallslose Architektur! Ja, wir tun uns schwer, diese tristen Kästen überhaupt als Architektur zu bezeichnen. Wie konnte es dazu kommen, dass man bei der Gestaltung von Gewerbeanlagen jeglichen Gestaltungswillen aufgegeben hat? Liegt es daran, dass früher Arbeiten und Wohnen näher zusammenlagen, sodass man den Menschen solche Grausamkeiten nicht zumuten wollte?

Das Kostenargument lassen wir nicht gelten. Zu Beginn der Industrialisierung stand es sicher nicht besser um die Finanzen, dennoch hat man renommierte Architekten beauftragt, repräsentative Anlagen zu errichten, die das Auge heute noch erfreuen. Wer wird einmal dieses Auslieferungslager unter Denkmalschutz stellen?

Mit Balkon Nummer 1 beginnt der nördliche Teil der Balkonpromenade. Wir aber entscheiden uns dafür, die Räder

Aufstieg zum Ewald-Plateau

Räume für neue Träume

Zechenimpressionen Ewald

stehenzulassen und die steile Treppe zur zentralen Aussichtsplattform hinaufzusteigen. Vom Ewald-Plateau kann man den Blick frei schweifen lassen.

Man könnte noch höher auf die gewaltige Halde steigen, könnte sich das Himmelsobservatorium anschauen, zwei gigantische stählerne Kreissegmente zur Bestimmung bestimmter Sternenkonstellationen, die westfälische Antwort auf Stonehenge. Könnte, wenn es einmal repariert sein wird, Schwingungen haben die Schweißnähte aufgerissen. Die Kosten für die Schadensbehebung sollen astronomisch sein; wann die Anlage wieder begehbar sein wird, steht in den Sternen. Nicht einsturzgefährdet ist hingegen der benachbarte Obelisk mit der Sonnenuhr, aber auch auf ihn müssen wir verzichten, es gibt einfach zu viel anzuschauen an den Emscherufern.

Stattdessen zieht es uns in die Tiefe. Im *Zechencafé Ewald* gibt es leckeren Kuchen, den wir auf der Aussichtsterrasse genießen. Noch etliche alte Zechengebäude sind erhalten, wobei der Begriff »erhalten« ziemlich euphemistisch ist. Viele der Backsteinbauten sehen noch reichlich mitgenommen aus und warten sehnsüchtig auf eine neue Aufgabe. Hübsch sind die bereits angelegten Regenwasserkanäle, die einen Hauch von Venedig verströmen.

Im grünen Emscherbruch

Koffeingedopt spüren wir wieder neue Kräfte in den Waden, wir tauchen in einen dichten Wald, der sich ans Zechengelände anschließt. Rasch umfängt uns tiefe Einsamkeit. Gibt es einen Flussradweg, auf dem man gegensätzlicheren Stimmungsbildern begegnet? Ein dichter Auenwald, von Lichtungen und kleinen Gewässern durchzogen, wächst auf dem sumpfigen Gelände, der Emscherbruch.

In den Pfützen blubbert es, Frösche laichen hier und die Fledermäuse finden einen reich gedeckten Tisch, lieben doch auch Libellen und Insekten das Feuchtgebiet. So wie hier könnte es an der Emscher früher überall ausgesehen haben, bevor die Menschen damit begannen, nach Kohle zu schürfen. Auch der idyllische Emscherbruch ist jedoch kein vergessenes Ur-Emschertal. Man hatte ja alle Sickerseen trockenlegen müssen, um die durch die Bergsenkungen entstandenen Cholera- und Typhusbrutstätten zu beseitigen. Nun aber, wo aller Dreck durch die Kläranlagen fließt, darf sich wieder ein Bruchwald nasse Füße holen und sich die Tierwelt ihr Reich zurückerobern.

Es blubbert im Emscherbruch

Am Ewaldsee

Mitten im Wald stoßen wir auf einen stillen See. Nein, der Ewaldsee ist kein Altarm der Emscher. Seine Entstehung hat er auch nicht der Eiszeit zu verdanken oder einem Meteoriteneinschlag; man brauchte schlicht Baumaterial für die A2, ein Baggersee ist er also, der dann als Kühlwasserreservoir für die Zeche Ewald diente.

Heute ist er Idylle pur, nicht nur für Spaziergänger aus Herten und dem unmittelbar angrenzenden Gelsenkirchen, auch für viele Vogelarten, die in den bewachsenen Ufern und besonders auf der kleinen Insel gute Nistmöglichkeiten finden. Und Fische für den Schnabel. So viele Möwen sind darunter, dass man um die Ecke den Nordseestrand vermutet. Aber auch der Höckerschwan, die Stockente und der Haubentaucher fühlen sich am Ewaldsee pudelwohl.

»Schau, da schwimmt eine Teichralle!«

»Quatsch, das ist eine Bläßralle.«

»Schlauralle!«

Zu gerne hätten wir den seltenen Eisvogel abgelichtet, dem wir schon am Dortmunder Hafen begegnet sind, doch der hübsche Taucher ist kamerascheu. Den Namen Eisvogel trägt er aus betrüblichen Gründen. Fangen die Seen im Winter an, sich mit Eis zu bedecken, taucht er unverdrossen weiter. Manchmal findet er den Weg nicht zurück, dann wird die Eisdecke zu seinem Sargdeckel. Tragisch.

Während wir an dem kleinen Ausguck stehen, den man nah ans Ufer gebaut hat, nähert sich ein älterer Herr im Rollstuhl. Wir kommen ins Gespräch. Er stammt aus der Gegend, hat als Elektriker im Bergbau gearbeitet. Dann verstummt er und betrachtet schweigend den See. Nach einer Weile aber fängt er wieder an zu erzählen, und was er uns erzählt, macht uns betroffen.

Sie seien zu dritt gewesen, drei Jungs, die es an heißen Tagen oft zum Ewaldsee gezogen hätte. Eines Tages seien sie nach der Schule wieder los zum See. Einer seiner beiden Brüder hätte sich gleich fröhlich ins Wasser gestürzt, dann aber sei das Schreckliche geschehen, der Bruder sei nicht wiederaufgetaucht. Panisch hätten sie nach ihm gesucht, zusammen mit anderen Badegästen, nach einer Viertelstunde hätten sie ihn endlich gefunden, konnten seinen Körper aber nur noch leblos an Land ziehen. Der Bruder war ertrunken.

Ob das der Grund ist, warum der alte Herr den See besucht? Nie wird er die Stelle betrachten können, ohne an seinen Bruder zu denken. In seiner Erinnerung wird er immer noch der kleine Schuljunge sein. Tote altern nicht, nicht in unseren Gedanken und nicht in unseren Herzen. Leise verabschieden wir uns und radeln weiter.

Obwohl Rainer keine Radviertelstunde entfernt aufgewachsen ist, war er doch noch nie am Ewaldsee. Ein seltsames, nicht ganz seltenes Phänomen. Mir ging es so mit der Emscherquelle. Von unserem Elternhaus auf der Schwerter Heide, wohin unsere Familie zog, als ich zwei Jahre alt wurde, wäre es zur Emscherquelle mit dem Rad nur eine gute Viertelstunde gewesen, bei einem Sonntagsspaziergang vielleicht eine Stunde. Stattdessen sind wir lieber ins Sauerland gefahren oder zum Dortmunder Westfalenpark. Vielleicht denkt man immer, das liegt ja gleich um die Ecke, das läuft einem schon nicht weg. Und verschiebt einen Besuch bis zum Sankt-Nimmerleinstag.

»Warum in die Ferne schweifen? Sieh, das Gute liegt so nah!«

»Schiller?«

»Oder Goethe?«

Die sträflichen Lücken in unserer Geobiografie jedenfalls, nun sind sie geschlossen. Wir radeln Richtung Norden, kreuzen eine Straße, an deren Rand auffallend viele Wohnwagen

stehen. Auch Bergmänner sind manchmal einsam und sehnen sich nach etwas menschlicher Wärme, selbst im Ruhestand.

Hinter der Straße liegt das nächste ausgedehnte Waldgebiet. Es grünt so grün, wenn die Emscherauen blühen! Den Wald, den wir durchradeln, hat vor vielen Jahrzehnten Rainers alter Herr gepflegt. Papa Götzfried stammt aus dem Unterallgäu und war nach einer bewegten Jugend im Ruhrpott hängen geblieben, wo er eine Ausbildung zum Förster begann. Sein Dienstherr war zugleich der Schlossherr, der Fürst von Nesselrode. Der Oberförster, der Ausbilder, muss ein harter Hund gewesen sein, wehe, ein Junge wagte es, über den Zaun zu klettern!

Schloss Herten

Nach einer Weile lichtet sich der Wald, gepflegte Wiesen breiten sich aus und ein See, den mächtige Platanen umstehen, dahinter liegt ein prächtiges Wasserschloss. Schloss Herten muss man gesehen haben, wenn man die Geschichte des Emscherlandes verstehen will. 300 Jahre wurde von diesem Wasserschloss aus das Vest Recklinghausen regiert.

Vest Recklinghausen

Es gab eine Zeit, da war mancher Bischof nicht nur ein geistlicher Herr, sondern zugleich der politische Herrscher über sein Land. So auch der Bischof von Köln. Er regierte nicht nur über das Erzstift Köln, er war auch Chef des Herzogtums Westfalen und des Vests Recklinghausen. Der Begriff »Vest« leitet sich aus dem Lateinischen ab. »Dies festus« bedeutet so viel wie Gerichtstag oder Gerichtsbezirk.

Schloss Herten –
Regierungssitz vom Vest Recklinghausen

Das Vest Recklinghausen erstreckte sich zwischen Lippe und Emscher, im Osten stieß es an die Grafschaft Dortmund, im Westen ans Herzogtum Kleve. Weil sich der Kölner Bischof nicht immer persönlich um das Vest kümmern konnte, bestimmte er einen Statthalter. Dieses einflussreiche und einträgliche Amt hatten lange Zeit die Nesselrodes inne, die im Jahr 1529 durch Heirat an das Schloss Herten gekommen waren und es fast 300 Jahre lang bewohnten. Als im Jahr 1687 ein schwerer Brand weite Teile des Schlosses zerstört hatte, wurde es in seiner heutigen Form wiederaufgebaut, schönstes westfälisches Barock, oder kurkölnisches, ganz wie man will.

Das Ende des Heiligen Römischen Reiches Deutscher Nation bedeutete auch das Ende des Vests Recklinghausen. 1803 schlug es der Reichsdeputationshauptschluss dem Herzogtum Arenberg-Meppen zu. 1811 machte das Vest eine Stippvisite beim Großherzogtum Kleve, bevor es 1815 der neuen preußischen Provinz Westfalen zufiel und im Kreis Recklinghausen aufging.

Wer wissen will, ob er sich auf dem Gebiet des alten Vests befindet, der achte auf die Autokennzeichen. »RE«, also der Kreis Recklinghausen, ist mit den alten Vest-Grenzen nahezu identisch, schönstes Nordemscherland.

»Und was stieß von Süden an die Emscher?«

»Südöstlich die Grafschaft Mark und weiter westlich das Reichsstift Essen.«

Das Vest Recklinghausen war streng katholisch, die Grafschaft Mark überwiegend evangelisch, sodass die Emscher lange auch eine Konfessionsgrenze war. Keine Stadt des Kreises Recklinghausen hat weniger als 25.000 Einwohner, einmalig in Deutschland, Urbanität pur.

Das Schloss wird nun für eine Psychiatrische Klinik genutzt, aber auch feiern darf man noch darin. Seitlich des Schlosses steht eine Kapelle.

»Die Kapelle ist heute zu besichtigen«, informiert uns ein netter Herr, der gerade das Kirchlein verlässt.

Wir haben Glück! Außer an den Wochenenden darf man nämlich nur Donnerstagnachmittag in die Kapelle hinein, ein Angebot, das wir natürlich gerne annehmen. Im Eingangsbereich sitzt eine Dame, die sich auskennt. Sie erzählt uns eine interessante Geschichte über das alte Schloss Grimberg und dessen Schlosskapelle, gelegen im Gelsenkirchener Stadtteil Bismarck.

Aus dem 14. Jahrhundert stammend, wurde die Kapelle 1560 im Stil der Renaissance umgebaut. Als man den Rhein-Herne-Kanal baute, wollte man in Grimberg einen Hafen anlegen. Dabei jedoch war das Schloss mit seinem Park im Weg. Die Eigentümer, die Familie Droste zu Vischering von Nesselrode-Rechenstein, verkauften das Anwesen 1907 an die Gelsenkirchener Bergwerks-AG, die alte Schlosskapelle

Die Wanderkapelle von Schloss Herten

aber ließen sie wie ein Legohäuschen Stein für Stein zerlegen und im Park ihres Stammsitzes in Herten wiederaufbauen.

Was wir sonst noch erfahren: 1934 machten Hobbyarchäologen am ehemaligen Standort der Kapelle einen gruseligen Fund. Sie stießen auf mehrere Grabkammern mit den Skeletten früherer Schlossbewohner. Ihre Nachkommen haben allerdings darauf verzichtet, die morschen Gebeine in die Umzugskapelle zu bringen, sondern haben sie lieber in der Familiengruft beisetzen lassen. Die prächtige Tumba mit dem vollplastischen Schlossherrn und seiner Gemahlin aber können wir noch bewundern, beide in der Kleidung ihrer Zeit, Renaissancekunst vom Feinsten.

Nun ist auch der nette Herr wieder zurück, der uns auf die Öffnung der Kapelle aufmerksam gemacht hat. Er erzählt uns, wie wechselvoll die Nutzung der kleinen Hallenkirche

gewesen ist. Lange habe die griechisch-orthodoxe Gemeinde hier ihre Gottesdienste abgehalten, bis zum Jahr 2004. Weil bei deren Messfeiern Kerzen traditionell eine große Rolle spielen, sei die Sanierung des rußgeschwärzten Mauerwerks sehr aufwendig gewesen.

»Dat sah aus hier wie auffe Geisterbahn.«

Nun leuchtet alles wieder im alten Glanz. Man empfiehlt uns dringend den Besuch der neu errichteten orthodoxen Kirche, die sei ein richtiger Hingucker. Wir verabschieden uns dankend und radeln zunächst mal zu unserem Hotel. Die junge Rezeptionistin macht uns ein akzeptables Angebot und fragt, ob wir zusätzlich das Frühstück buchen möchten.

»Wie ist denn so das Frühstück?«, wollen wir wissen.

»Man wird satt«, lacht die junge Frau.

Das gibt den Ausschlag. Wir buchen das Frühstück. Was gibt es schließlich Wichtigeres für einen Radfahrer, als gesättigt zu werden? Das Hotel ist aus welchen Gründen auch immer im Stil einer Autobahn eingerichtet, blaue Autobahnschilder leiten uns zu unseren Zimmern. Auch ein eigenes Bügelzimmer gibt es, auf dessen Benutzung wir jedoch verzichten. Radfahrern verzeiht man es, wenn sie etwas zerknittert ausschauen.

Rainer erreicht per Handy einen alten Freund, der in der Nähe wohnt. Er empfiehlt uns ein Restaurant im nahen Westerholt, anschließend sollen wir doch noch auf ein Bierchen vorbeikommen, auch seine Frau würde sich freuen.

Schloss Westerholt

Schlösser an jeder Ecke! Auch Westerholt, heute ein Stadtteil von Herten, besitzt seinen fürstlichen Prachtbau, dessen Hotel nicht nur bei Golfspielern beliebt ist. Das Schloss strahlt im schönsten Klassizismus, ist aber im Kern viel älter.

Bereits im 14. Jahrhundert wurde eine Wehranlage erwähnt. Natürlich darf auch in Westerholt der Wassergraben nicht fehlen. In Ermangelung von Bergspitzen, auf die man seine Burgen stellen konnte, musste das Wasser als Schutz vor Angreifern dienen. Auch der alte Dorfkern neben dem Schloss hat seinen Charme. Dicht gedrängt stehen hier die Fachwerkhäuser, im Schatten der Pfarrkirche St. Martini kehren wir in einem traditionellen Gasthaus ein und werden gut bewirtet.

Rainer erzählt von seinem Vater. Nach seiner Lehrzeit beim Fürstlich Nesselroderischen Oberförster am Schloss Herten – es war nach 1933, die Nazis waren gerade an die Macht gekommen – wurde er vor der Prüfung zum Forstgesellen gefragt, ob er Mitglied der NSDAP sei. Vater Götzfried verneinte. Er sei kein Mitglied der Partei und habe auch nicht die Absicht, in irgendeine Partei einzutreten, weder in die NSDAP noch in eine andere. Man reagierte mit der ganzen Härte des Systems und ließ den Aspiranten nicht zur Prüfung zu. Erst nach dem Krieg konnte der junge Förster seinen Berufsabschluss nachholen.

Gelsenkirchen: ein Abend mit Freunden

Die Sonne senkt sich bereits, als wir gen Westen aufbrechen, nach Resse, einem nordöstlichen Stadtteil von Gelsenkirchen. Unsere Räder stellen wir in einer alten Scheune ab, dann begrüßt uns Lisa herzlich. Sie ist eine ehemalige Lehrerin, ihr Mann, Herbert, hat als Krankenpfleger gearbeitet. Er und Rainer waren alte Freunde, Jagdfreunde.

Das große Wohnzimmer ist geschmackvoll eingerichtet. Keine Spur von Gelsenkirchener Barock. Wer den Ausdruck nur erfunden hat? Als hätten sich nur die Gelsenkirchener schwere Stilmöbel in die Wirtschaftswunderwohnungen gestellt, die geschwungenen Kommoden und Schränke haben doch ebenso München und Hamburg verunstaltet.

Gelsenkirchen hat eben keine gute Presse. Vielleicht, weil sie die ärmste Kommune Deutschlands ist, die Stadt mit dem niedrigsten Pro-Kopf-Einkommen, deutlich niedriger als in den Gemeinden im Osten. In Starnberg machen die Menschen fast doppelt so viel Kohle wie die an der Emscher. Und doch, es gibt auch in Gelsenkirchen Menschen mit 'nem dicken Geldbeutel, meint Lisa.

»Fahrt mal zu unserer neuen Marina, da werdet ihr staunen!«

Ist ein Vorurteil mal in der Welt, wird es gehätschelt und getätschelt. Erst kürzlich hat man sich wieder auf die Schenkel geklopft. Ein Internetportal hatte den Weihnachtsmarkt von Gelsenkirchen zum unattraktivsten der Republik gekürt, und alle Blätter hatten diese Nachricht genüsslich aufgreifen müssen. Selbst in der *Süddeutschen Zeitung* war die Meinung eines Facebook-Nutzers zu lesen: »Der leerste und hässlichste Weihnachtsmarkt von ganz Deutschland.«

»Frechheit!«

»Und außerdem: Der schönste Weihnachtsmarkt is sowieso immer anne Theke.«

Wir prosten uns zu. Dafür, dass Gelsenkirchen das Armenhaus Deutschlands sein soll, hat es kulturell Erstaunliches zu bieten. Lisa und Herbert sind begeisterte Theatergänger; das Gelsenkirchener Musiktheater zählt zu den wichtigsten Theaterbauten der Nachkriegszeit – ein Gesamtkunstwerk, an dem so bedeutende Künstler wie Werner Ruhnau, Jean Tinguely oder Robert Adams zusammengearbeitet haben.

Und auch die Inszenierungen können sich sehen lassen, meint Lisa. Besonders erfolgreich sei in den letzten Jahren das Ballett gewesen, mehrmals wurden Aufführungen mit dem »Faust«, Deutschlands wichtigstem Bühnenpreis, ausgezeichnet. Herbert beschreibt uns die blauen Schwammreliefs im Hauptfoyer und im Garderobegeschoss. Sie stammen von Yves Klein, einem französischen Künstler, der mit nur 35 Jahren gestorben ist. Das alles gibt es in Gelsenkirchen.

»Und wo gehen die Starnberger ins Theater?«, wird mit fröhlicher Ironie gefragt.

Wir lachen, dann wird das Gespräch wieder ernster. Herbert sagt, ein Hauptproblem im Pott sei, dass jede Stadt ihr eigenes Ding mache. Es fehle die Zusammenarbeit. Besonders bitter spüre man das beim Verkehr. Busse und Bahnen könne man glatt vergessen. Um vom Gelsenkirchener Norden an die Uni Bochum zu kommen, die größte Hochschule im Ruhrgebiet, brauche ihr Sohn anderthalb Stunden.

»Dabei könnte man das Problem ruckzuck lösen, hat einer seiner Professoren festgestellt.«

»Wie denn?«

»Na, ist doch bereits alles mehrfach untertunnelt im Revier. Einfach eine U-Bahn auf die alten Gleise in den Stollen stellen, und los geht die Fahrt!«

Warum eigentlich nicht? Im Förderschacht in die Tiefe und dann durch die Stollen, die tatsächlich alle miteinander auf geheime Weise verbunden sind. Das wär' die Lösung. Zumal die alten Stollen nur Probleme machen. Herbert berichtet von einem benachbarten Bauern, unter dessen Mähdrescher plötzlich das Feld wegsackte: »Tagesbruch.«

Ganze Garagen und Autos sind auf diese Weise schon verschwunden. Rainer wundert sich. Gibt es solche Schäden nicht eher weiter südlich, in Gelsenkirchen laufen die Flöze doch bereits in großer Tiefe. Es entsteht ein Gespräch über bestimmte Gelsenkirchener Lokalitäten. Zunehmend irritiert höre ich zu. Sätze fallen wie »gleich bei 3«, »... zwischen 6 und 2«, »... ne, ne, hier bei uns, direkt bei 7«.

Was ist gemeint? Postleitzahlen? Man klärt mich auf. Die Ziffern bezeichnen die ehemaligen Schächte der Zeche Graf Bismarck. Ihre Lage ist den Anwohnern so in Fleisch und

Blut übergegangen, dass sie heute noch als Orientierungsmarken dienen. Ob das überall im Pott so ist?

Wir trinken unser Bier aus. Lisa versorgt uns noch mit einer Radkarte von Gelsenkirchen und tüftelt mit ihrem Navi eine passende Strecke für morgen raus, wobei sie versucht, einen Weg zu finden, der die Johannes-Rau-Straße vermeidet. Rainer ist auf den langjährigen NRW-Landesvater und späteren Bundespräsidenten nicht gut zu sprechen, nachdem dieser, seinerzeit noch als NRW-Wissenschaftsminister, ihn und andere streikende Ingenieurstudenten in den 1970er-Jahren lange hat warten lassen, um sie dann von oben herab abzukanzeln. Dann geht's hinaus in die Nacht. Der Tag ist lang gewesen.

Vierter Reisetag: durch den westlichen Ruhrpott

(von Gelsenkirchen nach Oberhausen)

Wunschpunkte an der Emscher

Vierter Reisetag: durch den westlichen Ruhrpott (von Gelsenkirchen nach Oberhausen)

Am vierten Reisetag passieren wir die spektakulärsten Brückenbauwerke von Emscher und Rhein-Herne-Kanal, tauchen ein in Blau-Weiß, besuchen den merkwürdigsten Friedhof Deutschlands, begegnen dem Engel der Emscher, steigen hinauf zu Herkules, dem Beschützer des Ruhrgebiets, bewundern jede Menge Emscherkunst und streifen durch die älteste Arbeitersiedlung des Potts.

Gelsenkirchen: aus dem Leben eines Zechenförsters

Die junge Rezeptionistin hat nicht zu viel versprochen, das Frühstück erfüllt seine Funktion voll und ganz. Gesättigt brechen wir auf. Ein paar Regenwolken haben Abkühlung gebracht, nun meint es der Himmel wieder gut mit uns Radlern. Der Weg zur Emscher führt uns noch einmal an Schloss Herten vorbei. Schnell ein letztes Foto von der alten Försterei im Schlosspark an der Auffahrtsallee, bevor die nächste Wirkstätte von Rainers altem Herrn auf dem Programm steht, die Försterei der Zeche Graf Bismarck, Rainers Elternhaus.

So seltsam sich das anhören mag, es hat ihn wirklich einmal gegeben, den Beruf des Zechenförsters. Eine Zeche bestand ja nicht nur aus einem Labyrinth unterirdischer Gänge, auch über Tage erstreckte sich ein weitläufiges Gelände, das gepflegt werden musste. Die Aufgabe eines Zechenförsters bestand nicht nur in Verschönerungsaktionen, vor allem hatte er für ausreichend Grubenholz zu sorgen. Um die Stollen zu sichern, benötigte man jede Menge Stämme, die Bäume pflanzte man am günstigsten selbst an.

Etliche Exemplare der alten Baumschule stehen noch in Reih und Glied, als wir Rainers Vaterhaus erreichen; es liegt so einsam im Grünen, wie man sich das von einem Försterhaus vorstellt. Sein alter Herr habe das ausgedehnte Grundstück auf Erbpacht erhalten, erzählt Rainer.

Der jetzige Besitzer hat einen hohen Metallzaun um den Garten errichtet. Als wir durch das Gitter schauen, kommt er gerade aus dem Haus. Zunächst blickt er etwas misstrauisch. »Was wollen die beiden Kerle mit den Gelbwesten?«, scheint er sich zu denken. Doch dann gibt sich Rainer als der »junge« Herr Götzfried zu erkennen, und ein fröhliches Hallo erklingt.

Wenige Monate vor seinem Tod hatte sein Vater alles noch geregelt und das Haus verkauft, um die Last der Pflege und des Erhalts des Anwesens auf mehrere Schultern zu verteilen. Viele Jahre ist das her. Einiges hat der neue Besitzer am Haus verändert, erhalten aber ist noch ein kleiner Teil der alten Schuppen- und Hundezwingeranlage.

Wir werden freundlich eingeladen, das Grundstück zu betreten und uns umzuschauen. Er selbst müsse leider weg, bedauert der neue Forsthausbesitzer und bittet uns lediglich darum, hinterher wieder abzuschließen. Dann gibt er uns einen Schlüssel und fährt davon.

So bekomme ich eine Besichtigung der ganz persönlichen Art und eine Vorstellung davon, wie eine Zechenförsterfamilie im Ruhrgebiet gelebt hat. Tiere haben dabei eine große Rolle gespielt, Hunde wurden gezüchtet und abgerichtet, auch als Gäste auf Zeit aufgenommen. Eine ganze Gänsefamilie lief dem Förster hinterher, kaum dass er das Haus verließ. Kamen Gäste, briet die Försterin stapelweise Pfannkuchen, keiner ging je hungrig nach Hause.

Der Schuppen der alten Zechenförsterei Bismarck

Im Schuppen konnte man nach Herzenslust musizieren. Rainer lernte, ins Jagdhorn zu blasen, und wirkte bei mehreren Jagdhorn-Bläserkorps mit. Gefragt war er auch bei Beerdigungen, wodurch er seine Studentenkasse aufbessern konnte. Nichts geht mehr ans Herz als das letzte Halali. Noch als Schüler machte er seinen Jagdschein, mit 18 bekam er die Lizenz, auf dem Zechengelände auf Pirsch zu gehen, und brachte manchen Zechenhasen zur Strecke.

Heute ist eine solche Jugend nicht mehr denkbar. Noch bis in die 1960er-Jahre hinein konnte man unweit der Försterei ungestört in ehemaligen Flakstellungen und Bombentrichtern Versteck spielen, Granatentrümmer und andere Kriegsrelikte bergen oder unter und zwischen den zerstörten, nahezu meterdicken Betonplatten der Flakstände Versteck spielen. So makaber sich solche Spiele heute anhören, die Freiheit war für heranwachsende Kinder paradiesisch, überall konnte man auf Entdeckungsreise gehen, und niemanden hat's gestört.

Eine interessante Parallele gibt es zu den Erinnerungen von Anselm Kiefer. Der bekannte Künstler war am Ende des Zweiten Weltkriegs im völlig zerbombten Donaueschingen zur Welt gekommen. Die Trümmerlandschaft, in der er aufwuchs, aber hatte nicht Erschreckendes für ihn, er sah in ihr einen riesigen Baukasten, der seine Fantasie anregte. Alles Unfertige, Provisorische übt seinen Reiz auf die Jugend aus – auch das ist ein Grund, warum eine Stadt wie Berlin so viele junge Menschen anzieht.

Doch genug herumphilosophiert, nun gilt es, das umgebende Gelände zu erkunden, das uns wieder zur Emscher leitet. Auf einer ehemaligen Zechenbahnstrecke radelt man hübsch erhöht durch den Wald, dazwischen schieben sich Wiesen und Felder und eine hügelige Waldspielwiese, auf der sich zu dieser Uhrzeit allerdings nur Hunde austoben.

Dann kommen wir an ein umzäuntes Gelände, weißer Dampf steigt auf. Wir steigen von den Rädern. Hinter dem

Eiszeit an der Emscher – Grubengasförderung

Sicherheitszaun stehen weiße Kühlgeräte der Firma Linde vor flachen Betonbauten. An den Leitungen haben sich dicke Eispakete gebildet, die Ursache für die weißen Dampfschwaden. Was hat es mit der Anlage auf sich? Leider haben wir es verpasst, eine Gruppe von Arbeitern zu fragen, die sich in ein benachbartes Haus zurückgezogen haben, wohl um ihr Pausenbrot zu essen. Ersatzweise erteilt uns ein Schild Auskunft. Aha! Grubengas gewinnt man hier.

Grubengas

Die Bergleute haben es gefürchtet. Entzündete sich das Gas unter Tage, konnte es zu Explosionen und Bränden kommen. In den Stollen hat man deshalb vielerorts künstliche Feuer unterhalten, um Gasansammlungen zu vermeiden. Das Ende des Bergbaus aber bedeutete nicht zugleich das Ende der Grubengase. Immer noch dringt tief unter der Erde Methan aus den Gesteinen und steigt durch die alten Stollen und Schachtanlagen nach oben, eine gigantische Verschwendung und ein gigantisches Umweltverbrechen, heizt Methan die Atmosphäre doch 20-mal stärker auf als Kohlendioxid.
Allein aus Schacht 3 der ehemaligen Zeche Mont Cenis im benachbarten Herten strömte seit der Stilllegung jährlich eine Million Kubikmeter Grubengas ins Freie. Bis 1997. Dann baute man ein Blockheizkraftwerk, das erste in Deutschland, das Grubengas aus einer stillgelegten Zeche bezieht. Neun Gigawatt Strom speist es ins Netz, zudem heizt es mit seiner Abwärme, wenn nötig, die Akademie, das Marienhospital und Häuser der benachbarten Siedlung.
Mittlerweile hat man ähnliche Anlagen im ganzen Ruhrgebiet errichtet, so auch hier in Gelsenkirchen. An die 200.000 Haushalte können sie mit Energie versorgen und das noch für einige Jährchen, schätzt man die in den alten Lagerstätten verfügbare

Grubengasmenge doch auf stolze 100 Milliarden Kubikmeter. Der Umwelt erspart man durch die Nutzung Treibhausemissionen von jährlich knapp 3 Millionen Tonnen.

Wir stoßen auf den Holzbach, eine weitere im Zustand der Heilbehandlung befindliche Köttelbecke, folgen dem Bachlauf und queren die Emscher. Die Emscherinsel ist hier sehr schmal, dicht schmiegt sich der Rhein-Herne-Kanal an seine vormals so schmutzige Schwester. Rainer erzählt, wie er mit seinen Freunden im Kanal gebadet hat, mit Vorliebe an Stellen, an denen das Kühlwasser der Kraftwerke zurückgeleitet worden ist. Mollig warm war dort das Kanalwasser, fast wie in einer Thermalquelle.

»Man müsste ja fast von Bad Gelsenkirchen sprechen.«

»Aber hallo! Mutige sind sogar mit 'nem Köpper rein.«

Wir müssen lachen. Ruhrdeutsch kann so wunderbar verknappen. Kopfsprung? Was für ein langweiliges Wort für so eine lustige Sache.

»Weißte noch, was 'n Kusselköpper is?«

»Klaro! Ein Purzelbaum, was sonst?«

Als die nächste Straße kreuzt, erinnert sich Rainer an ein weiteres Freizeitvergnügen der Gelsenkirchener in den 1970er-Jahren. An den Samstagen sind viele Autofahrer gerne zum Kanal gerollt, haben sich einen Eimer aus dem Kofferraum geschnappt, ihn mit Kanalwasser gefüllt und sich an die Autowäsche gemacht.

»Bis dass der Manta schäumte. Und Sohnemann musste mit Chrompflege die Stoßstangen zum Glänzen bringen, der Geruch wird mir für immer in der Nase bleiben.«

Genau wie in Dortmund! Dazu lief im Autoradio die Sendung *Sport und Musik*, die Übertragung der Bundesliga, mit den legendären Schaltkonferenzen von Kurt Brumme oder Jochen Hageleit.

Die ZOOM-Brücke Grimberg

»Da brauchteste keine Glotze, das war Kopfkino pur, da haste jeden Spielzug gesehen.«

ZOOM-Brücke und Marina

Kurz darauf erreichen wir eine schwindelerregende Brückenkonstruktion. Mit artistischer Eleganz schwingt sich die »ZOOM-Brücke« in einem hohen sichelförmigen Bogen über den Rhein-Herne-Kanal, Grimberger Sichel wird sie auch genannt. – Grimberg! Hier also hat mal die alte Schlosskapelle gestanden, die die Nesselrodes nach Schloss Herten transloziert hatten. »ZOOM-Brücke« heißt die Himmelssichel wegen des angrenzenden Tierparks, den man in ZOOM-Erlebniswelt umgetauft hat, ein Wortspiel, bei dem noch der alte Zoo anklingt.

»Die Brücke hat den European Steel Bridges Award 2010 erhalten, den Brücken-Oscar in der Kategorie Fußgängerbrücken.«

»Darauf einen Dujardin!«

Dujardin wurde nicht weit entfernt gebrannt, in Uerdingen. Nicht nur Bier, auch Schnaps wurde im Pott eifrig konsumiert. Bekannt ist das klassische »Herrengedeck«, bestehend aus einem Klaren und einem Pils. Zunächst wurde mit dem Klaren die Speiseröhre zum Brennen gebracht, um das Feuer dann mit einem kühlen Schluck Bier wieder zu löschen. Auch auf den Zechen ist lange der Alkohol geflossen. In Recklinghausen war es Brauch, jedem Bergmann eine Flasche Boente mit »auffe Schicht« zu geben, Schnaps in seiner reinsten Form.

»Prost, Mahlzeit.«

»Wäre heute nicht mehr erlaubt.«

»Nüchtern geht die Welt zugrunde.«

Am Ufer des Rhein-Herne-Kanals ein merkwürdiges Werbeplakat: »Mut«. Aufmunterung für ängstliche Fische?

Oder für Radfahrer, doch mal eine Abkühlung im Wasser zu nehmen? Oder für das ganze Emscherland? Kurz darauf schwingt sich die nächste Brücke auf, weniger spektakulär, aber nicht minder hübsch. An ihrem Scheitelpunkt schweift unser Blick über die »Marina«, den neu entstandenen Stadtteil am alten Kanalhafen.

»Gelsenkirchens Antwort auf den Dortmunder Phoenix-See.«

Bauhausimitate hier wie dort, weiße, verschachtelte Kuben, die Fenster bodentief. Echte Architektenliebe oder schlicht Kostengründe? Von Moderne zu sprechen verbietet sich, nachdem das Bauhaus mit 100 Jahren endgültig ins Greisenalter gekommen ist. Die Epoche des Jugendstils ist nur unwesentlich älter, dennoch baut keiner mehr Jugendstilhäuser, heute nur noch Bauhaus: quadratisch, praktisch, gut. Und preiswert. Wie wär's mal mit einem neuen, zeitgemäßen Stil?

Aufmunterung für die Fische?

Die Marina von Gelsenkirchen

Im Jachthafen liegt kaum ein Boot an den Stegen. Der Vorteil der Marina gegenüber dem Phoenix-See ist: Via Rhein-Herne-Kanal kann, wer möchte, auf Großfahrt gehen.

Männerstimmen in unserem Rücken. Eine Gruppe professionell gewandeter Radfahrer hat gleichfalls angehalten, um einen Blick auf das Hafenviertel zu werfen. Wir kommen ins Gespräch. Das ist das Schöne am Radfahren, man kommt immer ins Gespräch. Autofahren ist dagegen absolut unkommunikativ.

Die Herrenmannschaft stammt aus Bochum und empfiehlt uns wärmstens, den Erzbahnradweg zu probieren, der mit der ZOOM-Brücke beginnt – oder endet, wie in ihrem Fall. Mit der Erzbahn ist das Eisenerz vom Gelsenkirchener Hafen zu den Bochumer Hochöfen gefahren worden. Das besondere an der Strecke: Um die zahlreichen Ost-West-Verkehrswege zu queren, hat man die Erzbahn, Baubeginn 1901, auf einen 15 Meter hohen Damm gestellt, sodass man heute vom Fahrrad aus den schönsten Weitblick genießt. Die neun Kilometer lange Strecke führt an vielen Industriedenkmälern vorbei, sie startet nahe der Jahrhunderthalle am Bochumer Westpark.

»Tief im Westen, wo die Sonne zerstaubt …«

Oder verstaubt? Egal. Die Herren sind eine eingeschworene Truppe, haben schon so ziemlich jeden Flussradweg der Republik abgeradelt. Welcher denn der schönste sei, wollen wir wissen. Kollektives Nachdenken. Dann sagt einer in gepflegtem Ruhrdeutsch: »In Mecklenburg-Vorpommern hattet mir am besten gefallen.« Ich nicke. Der Radweg an der Havel ist wunderschön, keine Frage, aber auch der Emscherradweg braucht sich keineswegs zu verstecken.

Emscherkunst und die Veltins-Arena

Wir wünschen eine gute Fahrt. Weiter geht's nun auch für uns! Wir rollen die Brücke hinunter am Hafen vorbei den Kanal entlang. Rechts taucht eine bunte Riesenkugel auf, die in einem Eierbecher aus knallroten Stützen ruht. Es handelt sich um eines der ersten Kunstwerke am Kanal. 1985 griff Rolf Glasmeier zum Pinsel und malte den tonnenschweren Gasbehälter fröhlich an.

Wer will, kann einen Fußball für Riesenkinder darin sehen, beginnt doch gleich anschließend die Aufmarschzone zur Herzensheimat so vieler Fußballfans, zur Veltins-Arena, der Heimat von Schalke 04. Wie viele Träume wurden und werden auf diesen Wegen geträumt, umweht von Nikotin- und Bierdünsten ziehen an Spieltagen Alt und Jung Richtung Stadion, Schlachtgesänge anstimmend, sich der Hoffnung hingebend, dass es dieses Mal ganz sicher etwas wird mit dem Sieg.

Ist die Stimmung auf dem Hinweg einheitlich optimistisch, kann sie nach geschlagener Schlacht sehr unterschiedlich ausfallen: von übermütig-siegestaumelnd über gedämpft-zufrieden bis hin zu niedergeschlagen-trotzig oder wütend-enttäuscht. An den seltenen wirklich schlimmen Tagen aber herrscht stumpfe Resignation. Jeder will dann nur noch mit gesenktem Kopf nach Hause. Das ist nicht nur auf Schalke so, das kennt man in der ganzen Republik. Die Psychologie des Fans ist überall dieselbe.

»Vielleicht kann ja die bunte Kugel den Fans helfen.«

»Wieso?«

»Vielleicht sind das ja Wunschpunkte!«

Man müsste es ausprobieren. Für jeden der gelben Punkte einen Punkt auf dem Tabellenkonto, und die Meisterschaft wäre auf Jahre gesichert. Obwohl, gelbe Punkte, da fremdelt der echte Schalker natürlich.

Wir schwingen ab in Richtung Norden, um eine Ehrenrunde um die Veltins-Arena zu drehen. Am kommenden Samstag ist hier nichts los, dafür steppt in Dortmund der Bär. Dann findet sie nämlich wieder statt, die Mutter aller Schlachten, dann wird für 90 Minuten der Ruhrpott den Atem anhalten. Gespenstisch still wird es auf den Plätzen und Straßen sein, vor den Fernsehern und Radios aber werden sich die Fußballfans drängeln und die Gemüter sich erhitzen. Blau-Weiß gegen Schwarz-Gelb, das alte Spiel, das Revierderby, ewig alt und ewig jung.

»Emscherderby müsste es natürlich heißen.«

Stimmt. Wieder einmal ignoriert man die Emscher schnöde. Sie übt sich in Geduld und ist sich gewiss: Ihre große Zeit wird noch kommen.

Das Schalker Stadion verfügt über eine Besonderheit. Man kann den Rasen aus dem Stadion rollen.

»Dauert vier Stunden und kostet 25.000 Euro«, lacht ein Mann vom Sicherheitsdienst, der uns durch den Zaun schauen sieht.

25.000 Euro? Ja lohnt sich das denn? Muss wohl, sonst würde man den Aufwand nicht treiben. In Schalke bekommt der Begriff Rollrasen eine ganz neue Dimension. Als der freundliche Sicherheitsmann bemerkt, dass wir den Rasen fotografieren wollen, gibt er uns den Tipp, uns schnell noch einer Stadionführung anzuschließen, von oben hätte man einen besseren Blick.

Der Friedhof für Schalke-Fans

Wir müssen dankend ablehnen, wollen wir doch noch zu einem weiteren Schalke-Biotop, nicht weit entfernt. Der Security-Mann lacht, als wir ihm unser Ziel nennen. An diesem speziellen Ort ist selbst er noch nicht gewesen. Auf der Karte suchen wir nach der besten Route. Zehn Minuten später haben wir unser Ziel erreicht, es liegt links: der Friedhof für Schalke-Fans.

Rollrasen auf Schalke

Eine verrückte Idee. 1904 Urnengräber, angeordnet in der Form eines Stadions, mit einem kleinen Spielfeld und Toren in der Mitte, der überdimensionierte Anstoßkreis als Vereinswappen gestaltet. An alle Details hat man gedacht, selbst an Flutlichtmasten. Wir schütteln den Kopf. Gesprächsfetzen von zwei anderen Besuchern trägt der Wind an unser Ohr: »… und viele Dauerkartenbesitzer wollen natürlich auf ihrer Tribüne begraben werden …« Was soll man davon halten?

Die wenigen bereits belegten Gräber sind rührend gestaltet. Über Gerds Urne wacht ein blau-weißer Gartenzwerg, zwischen Erdbeerpflänzchen liegt ein Tischfußball.

»Und das ewige Grubenlicht leuchte ihm!«

Ist das jetzt Kitsch, Blasphemie oder einfach nur eine neue Form der Bestattungskultur? Es fällt nicht leicht, das zu entscheiden. Vielleicht hat das Ganze ja durchaus einen theologischen Hintergrund, eine transzendente Dimension.

Auf meinem Grabstein lasset steh'n,
blau und weiß wird niemals untergeh'n

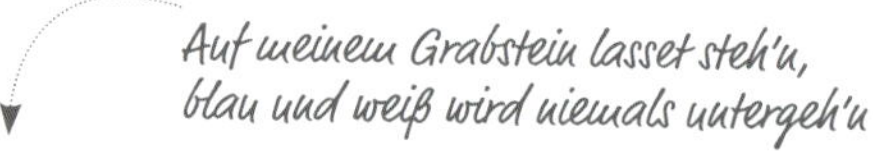

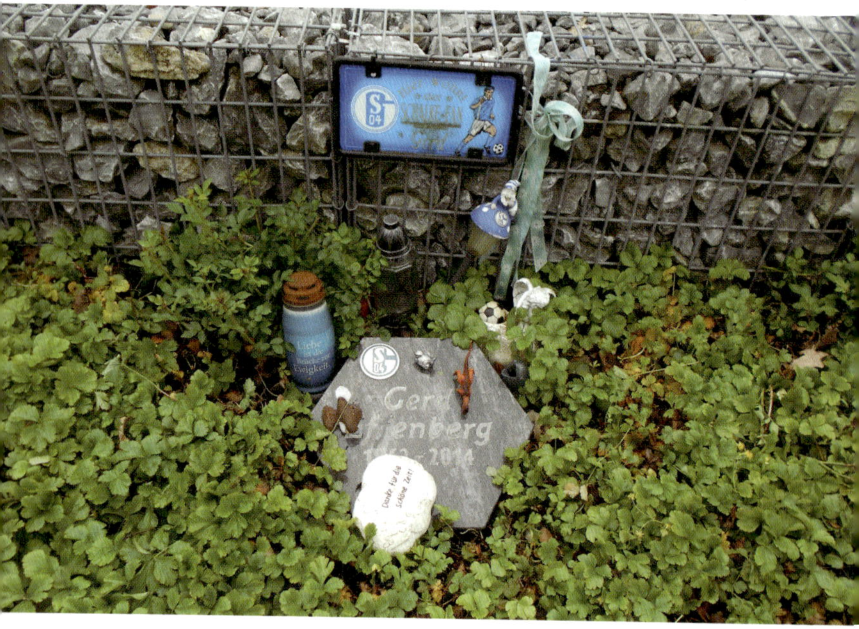

Vielleicht muss man es so sehen: Wir alle haben unseren Einsatz bei dem Spiel, das sich Leben nennt, und versuchen oft mehr schlecht als recht das Beste daraus zu machen. Irgendwo aber gibt es noch jemanden, der über unsere Einwechslung wacht und auch über unsere Auswechslung.

»Die himmlische Trainerbank …«

»Möge der Fußballgott mit ihr sein!«

In der Vereinshymne stehen die Zeilen: »Wenn ich einst gestorben bin/traget mich zum Friedhof hin/doch mein allerletzter Wunsch soll sein/wickelt mich in blau und weiße Tücher ein.«

Blau und weiß leuchtet auch der Himmel, als wir weiterradeln. Verwundert stellt Rainer fest, dass er in diesem Teil Gelsenkirchens noch nie gewesen ist. So hat jeder eben seinen Kiez, auch in den Ruhrpottstädten. Wir kommen zu einer großen Schleusenanlage, ein Schiff wird gerade eine Etage nach unten geschickt. Ein Schild warnt vor dem Betreten des Betriebsgeländes. Frei nur für »Schifffahrtstreibende«. Als Fahrradtreibende müssen wir auf dem Radweg bleiben, zum Glück, denn so kommen wir zu einem grandiosen Baum, einer gewaltigen Platane, die beim Wettbewerb »Deutschland sucht den schönsten Emscherbaum« die besten Gewinnchancen besäße. Der Methusalem wird bereits dort gestanden haben, als Kaiser Wilhelm den Kanal bereiste, vielleicht können sich seine ältesten Jahresringe sogar noch an Napoleon erinnern.

Auf dem Gelände hinter der Platane dampft es gewaltig. Ein weites Raffineriegelände füllt ein Straßendreieck aus, Tankschiffe haben an den Kais festgemacht, liefern Rohöl oder holen Benzin und Diesel ab. Das Öl wurde Mitte des 20. Jahrhunderts zum großen Konkurrenten für die Ruhrkohle und hat – zusammen mit der billigen Importkohle – deren Niedergang beschleunigt.

Aber natürlich hatte auch die Politik ihren Anteil an dieser Entwicklung. Als zuletzt auch die NRW-Landesregierung begriff, dass die deutsche Kohle nicht länger konkurrenzfähig war, lobte man hohe Stilllegeprämien für Bergwerke aus. Daraufhin hatten deren Eigentümer nichts Eiligeres zu tun, als ausgerechnet die Gelsenkirchener Zeche Bismarck zu schließen, ein absolutes Vorzeigewerk mit der modernsten Technik. Warum? Weil dort noch so viel Kohle in der Erde lagerte, dass die Stilllegeprämien dicke Gewinne versprachen.

Ein Schock für die Gelsenkirchener Kumpel. Mit einem lächerlichen 10-Mark-Schein wurden sie nach ihrer letzten Schicht verabschiedet. Wütende Proteste waren die Folge, denen sich auch die Nicht-Bergleute anschlossen, schließlich lebten damals alle von der Kohle.

Über die Chancen, die beim Strukturwandel im Pott verpasst worden sind, könnte man eine ganze Buchreihe schrei-

ben. Nun endlich aber scheint es in die richtige Richtung zu gehen, neues Leben wächst aus den Industrieruinen.

Wir radeln an der Ölraffinerie vorbei. Es hat einmal eine Zeit gegeben, da hat man in Gelsenkirchen Benzin nicht aus Rohöl, sondern aus Kohle hergestellt. Diese Epoche ist mit einem düsteren Kapitel der Stadtgeschichte verbunden, aber umso heller leuchtet das Licht eines wahrhaft großen Helden des Emscherlandes.

Der Engel und seine 17 Kinder

Kohleverflüssigung. Ein Verfahren, um aus Steinkohle Benzin zu machen. Als die Versorgungslage im Zweiten Weltkrieg immer schwieriger wird und man aus dem Ausland kaum mehr Treibstoff beziehen kann, setzen die Nazis zur Fortführung des Krieges vermehrt auf die Verflüssigung der Kohle. Hat man im Ruhrgebiet nicht Kohle genug?

Die Gelsenberg Benzin AG in Gelsenkirchen-Horst, ein Großunternehmen. Östlich von dem Hydrierwerk hat man auf freiem Feld ein KZ errichtet, Armeezelte, Stacheldraht, Wachtürme. 2.000 Mädchen und Frauen sind dort inhaftiert, die meisten von ihnen ungarische Jüdinnen, von Buchenwald abkommandiert. Kahlgeschoren und in Häftlingskleidern müssen sie die Trümmer beseitigen, die die Bomber hinterlassen – und die Bomber kommen wieder und wieder, wissen die Alliierten doch, wie wichtig die Gelsenberg-Werke sind.

11. September 1944. Erneut nähern sich die Flieger, erneut taucht ein Bomber am Himmel auf. Während sich die Deutschen in die Bunker flüchten, suchen die Jüdinnen verzweifelt ein Versteck, rennen in Panik über das Gelände, werfen sich zu Boden, als um sie herum die Bomben explodieren.

Eine der jungen Frauen will ihre jüngere Schwester in Sicherheit bringen, rennt mit ihr in Richtung einer schützenden Mauer, als

ein ohrenzerfetzender Knall ertönt. Voller Entsetzen bleibt sie stehen. Sie hält nur noch den Arm der Schwester in der Hand.
138 Frauen sterben, verbluten auf dem Werksgelände. 94 werden schwer verletzt. Man lädt sie auf Karren, bringt sie in die umliegenden Krankenhäuser. Kein Akt der Humanität. Überleben sie, sollen sie so schnell wie möglich zur Arbeit zurück, so befiehlt es die KZ-Leitung.
Dr. Rudolf Bertram behandelt sie. 51 Jahre ist der Chefarzt des Gelsenkirchener St.-Josef-Hospitals, auch das Marien-Krankenhaus von Rotthausen steht unter seiner Leitung. Viel hat der erfahrene Chirurg in seinem Leben gesehen, solche Grausamkeiten noch nie. Zusammen mit den Schwestern versorgt er die Verletzten, so gut es geht. Nicht allen können sie helfen, 17 Frauen aber genesen.
Kurz darauf kommt die Gestapo, will die geheilten Frauen zurück ins KZ bringen, zurück in den Tod. Der Chefarzt ist empört. Die Frauen seien noch nicht einsatzfähig, sie bräuchten noch Zeit bis zur Heilung. Den Schwestern gegenüber nennt er sie »meine Kinder, meine 17 lieben ungarischen Kinder«. Fallen die Bomben, schaut er bei seinen Patientinnen vorbei, genauso wie die Schwester Oberin und der katholische Geistliche. Als die Gestapo nicht lockerlässt, die sofortige Entlassung der Frauen fordert, stellt er sich ihnen erneut entgegen, ja, er droht sogar mit seiner Kündigung. Man setzt ihm ein letztes Ultimatum.
Tags drauf knallen ihre Stiefel wieder durch die Krankenhausgänge. »Die Ungarinnen? Tut mir leid, die sind geflüchtet!«, sagt der Chefarzt nur kühl. Als die Gestapo-Männer wütend abgezogen sind, holt er seine Patientinnen aus ihren Verstecken.
Seine Schützlinge überleben den Krieg. Und sie vergessen ihren Retter nicht. Viele schreiben nach Deutschland, erzählen ihren Familien und Freunden von dem, was sie in Gelsenkirchen erlebt haben, von den Schrecken und von dem Wunder. Auch nach dem Krieg bleibt Dr. Bertram Chefarzt an der Emscher, bis

Doppel-Hängebrücke Gelsenkirchen

zu seiner Pensionierung. 1975 stirbt er in Gelsenkirchen. 1979. Yad Vashem, vor den Toren Jerusalems. Posthum wird dem mutigen Arzt die Auszeichnung »Gerechter unter den Völkern« verliehen: »Wer ein Menschenleben rettet, hat damit gleichsam eine ganze Welt gerettet.«

Wo Herkules seine Keule schwingt: am Nordsternpark

Wir folgen dem Rhein-Herne-Kanal, der stets eine scharfe Grenze durch Gelsenkirchen markiert hat, sagt Rainer. Der Kanal läuft mitten durch die Stadt. Buer im Norden, der Hauptort im Süden, zwei Reiche für sich. Aber wer weiß, vielleicht wird das jetzt anders, wo man so schicke Brücken über den Kanal schlägt. Auch das nächste Exemplar ist ein Hingucker, eine verwegen versponnene Hängebrücke, geknüpft an zwei geschwungene Bögen, sehr rot und sehr filigran. Gelsenkirchen soll wirklich die ärmste Stadt Deutschlands sein? Mit solch beeindruckenden Brückenkonstruktionen? Moderne Brücken in dieser Anzahl wird man kaum an einem anderen Ort in Deutschland finden, nicht mal in Starnberg.

Unwillkürlich richtet Rainer sein Teleobjektiv in die Höhe. Was ist denn das da oben, der Kerl auf dem hohen Turmgebäude?

»Das ist Herkules!«

Herkules an der Emscher. Eine tolle Geschichte! Jetzt entsinne ich mich, Rainer hatte bereits gestern davon erzählt. Bei einem Klassentreffen hatten seine Schulfreunde berichtet, die Keule des Herkules habe für Unmut gesorgt, weil sie, aus einem bestimmten Winkel aus der Ferne betrachtet, einem Körperteil ähnele, der zwar unverzichtbar für einen Mann sei, aber doch nicht öffentlich zur Schau gestellt werden sollte, zumindest nicht in einem solchen Zustand.

Was macht denn der da oben?

Die Proteste hätten gefruchtet. Man habe Herkules von seiner Keule befreit, worauf wiederum der Künstler auf die Barrikaden gegangen sei. Aber jetzt sieht man die Keule doch wieder in voller Größe! Seltsam! Hat man sie wieder anbringen müssen? Wir nehmen uns vor, das Phänomen an Ort und Stelle zu untersuchen.

Über die Doppelbogenbrücke geht's in den Nordsternpark hinein. Man hat ein probates Mittel genutzt, die unansehnlichen Industrieflächen zum Blühen zu bringen, eine Bundesgartenschau. Für so ein Event gibt's Zuschüsse von allen Seiten, und man kann den anorektischen Stadtsäckel schonen.

Ehemals beherrschte hier die Zeche Nordstern das Gelände. (Gäbe es einen Wettbewerb um den romantischsten Zechennamen, Nordstern wäre unser Favorit.) Viele Attraktionen sorgen heute für Unterhaltung, es gibt einen Klettergarten, Grillplätze, Wasserspiele, eine Pyramide und einen Rosengarten und am Kanalufer eine Freilichtbühne. Selbst Seeschlachten nachzuspielen wäre kein Problem.

Über eine weitere Brücke radeln wir dem Herkules entgegen und blicken auf eine alte Zechensiedlung herab.

»Propper hergerichtet!«

Es gibt verschiedene Typen von Zechensiedlungen; die meisten Häuser besaßen einen langen Gartenanteil mit Platz für Obstbäume, Gemüsebeete, Taubenschlag und Kaninchenstall. Etwas Grün vor der Tür war gerade für die Kumpel eine psychische Notwendigkeit.

Als Student hatte ich mal in einem Dortmunder Altenheim gejobbt, wo ich einen ehemaligen Bergmann zu pflegen hatte. Wenn ich ihn am Morgen weckte, musste ich ihm als Erstes die Schnapsflasche reichen, die er eingewickelt in Zeitungspapier tief in seinem Kleiderschrank versteckt hielt. Das war unser kleines Geheimnis, davon durfte die Heimleitung nichts wissen. Hatte Opa Vogt, wie ihn alle nannten, einen tiefen Schluck getan, sang er mir mit brüchiger Stimme das Lied von der Waldeslust vor, während ich ihn in seine lange Unterhose rutschen ließ, indem ich diese beim Bund in die Höhe zog (»Du musst richtig schuckeln, Junge!«).

Opa Vogt erzählte mir, in vielen Winterwochen habe er die liebe Sonne oft nur an den Sonntagen zu Gesicht bekommen. Vor Tagesanbruch ging's unter Tage, war die Schicht zu Ende, war's bereits wieder Nacht. Ein hartes Leben in völliger Dunkelheit. Auch um den Arbeitsschutz stand es lange nicht gut. Viele Kumpel litten an Staublunge, im Sauerland wuchsen die Lungenheilanstalten wie Pilze aus dem Boden. Soll der Herkules da oben vielleicht für die überirdischen Leistungen der Bergleute stehen?

Das, was von Zeche Nordstern im Stadtteil Horst gerettet worden ist, kann sich sehen lassen. Die Schachtanlage 1/2 ist komplett erhalten, warm erstrahlt ihre edle, dunkle Backsteinröte. Das Immobilienunternehmen Vivawest hat hier seine Hauptverwaltung; wer will, darf ihr gerne aufs Dach steigen. Wir wollen!

Die gestrenge Empfangsdame weist uns an, unsere Räder doch bitte aus dem schicken Eingangsbereich zu entfernen. Um die Ecke gebe es genügend Fahrradständer. Wir gehorchen. Der Wunsch ist verständlich. Da investiert man zig Millionen, um das Zechengelände schick zu gestalten, und da kommen zwei Fahrradtouristen daher und verschandeln das Bild durch ihre Drahtesel.

Mit der Umparkaktion und der Entrichtung eines kleinen Obolus erhalten wir die Berechtigung, den Fahrstuhl zu betreten und uns in den Himmel katapultieren zu lassen. Die Empfangsdame hat uns noch eine Warnung mit auf den Weg gegeben, nicht alle Gelsenkirchener seien über den Herkules glücklich. Warum man dort oben keinen Kumpel hingestellt hätte oder zumindest eine Grubenlampe, seien noch die harmlosesten Bemerkungen. Ja, die Kunst hat es nicht leicht,

ständig steht sie unter Rechtfertigungsdruck.

Der Aufzug hält, wir steigen aus. Heftig bläst uns der Wind um die Ohren. Eine fantastische Aussicht bietet sich von hier oben. In nördlicher Richtung sehen wir Schloss Horst liegen, eine der ältesten Renaissancebauten Westfalens (Schlösser ohne Ende im Emscherland!), sehen den auffälligen Rathausturm von Buer, die Veltins-Arena und südlich das eigentliche Zentrum Gelsenkirchens, während sich westlich eine Halde erhebt, die ein mächtiger Kamm zu schmücken scheint, die Halde Haniel.

Stolze 159 Meter ragt sie in den Himmel, besser gesagt schraubt sie sich in denselben, denn die Halde Haniel wurde in Form von zwei Spiralen angelegt. Als Doppelhelix steht sie dem menschlichen Erbgut formal sehr nahe. Vielleicht ist dies einer der Gründe, warum Agustín Ibarrola zu einem Werk inspiriert wurde, mit dem er den Widerspruch zwischen Industrieraum und Natur auflösen will. Oben auf der

Zeche Nordstern – edle Backsteinoptik

Kante strählt sein gigantischer Kamm die Winde, ein Kunstwerk von archaischer Strahlkraft.

Der Friseur der Winde

Natürlich trägt er eine Baskenmütze. Zumindest auf dem Foto, das wir betrachten. Ein freundlicher, älterer Herr mit einem gewissen Schalk in den Augen. Er hat das Recht, diese Mütze zu tragen, schließlich ist er ein waschechter Baske. Agustín Ibarrola wurde 1930 in der Ortschaft Basauri geboren; studiert hat er in Madrid und Paris, die Einflüsse des Kubismus und Konstruktivismus aufnehmend. Mit Beginn der 1980er-Jahre konzentrierte er sich zunehmend auf die Herstellung von Skulpturen, wobei er auch ungewöhnliche Materialien nicht scheute.
Nicht nur dem Künstler gehört unsere Bewunderung, unseren Hut ziehen wir auch vor Ibarrolas politischem Engagement. So musste er seinen Widerstand gegen den Diktator General Franco im Kerker büßen; später machte er sich durch seinen friedlichen Einsatz gegen die ETA, die blutig für die Unabhängigkeit des Baskenlandes kämpfte, viele Feinde. Um sich an ihm zu rächen, zogen einige Unverbesserliche in den Wald von Oma und zerstörten die Rinde von hundert Bäumen, die Ibarrola zuvor bemalt hatte.
Zum Holz und dessen Beziehung zum Menschen scheint der sympathische Künstler ein besonderes Verhältnis zu haben. Wie anders wäre er sonst auf die Idee gekommen, hundert alte Eisenbahnschwellen zu bemalen und aufrecht auf die Halde zu pflanzen? »Totems« nennt sich sein Werk, nach den geschnitzten und verzierten Pfählen der Indianer.

Die Eisenbahnschwellen erinnern mich an die Arbeit eines anderen Künstlers, des Dortmunder Dichters Josef Reding.

Vom Fenster seines Hauses beobachtete er, wie beim Abbau einer alten Bahnstrecke die Holzschwellen herausgerissen wurden – ein Anblick, der ihn betrübte.

Das Ruhrgebiet hat eine eigene Art von Literatur hervorgebracht. Der Begriff Arbeiterdichtung aber kann nicht umfassen, was Dichter wie Josef Reding oder Max von der Grün geleistet haben. Arbeiterdichtung, das klingt wie Gebrauchslyrik für Streikplakate oder nostalgische Geschichten für Gewerkschaftsabende.

Viel von der besonderen Atmosphäre des Ruhrpotts ist in den Gedichten, Romanen und Erzählungen der Ruhrpottautoren eingefangen, die harte Welt des Bergarbeiters oder Stahlkochers genauso wie der geheime Zauber einer von gigantischen Maschinen bearbeiteten Landschaft. Die Geschichten leben zudem von dem speziellen Humor, der in dieser Art vielleicht nur in einer solchen Multikulti-Gesellschaft entstehen kann.

Auch einen modernen Kreuzweg hat man angelegt, der die Bergehalde Haniel zum Golgatha des Reviers erhebt. Das Gipfelkreuz haben Auszubildende des Bergwerks aus Spurlatten gefertigt, und zwar anlässlich eines Besuchs von Papst Johannes Paul II., haben uns Lisa und Herbert gestern Abend noch erzählt. Besonders die Bergleute mit polnischen Wurzeln werden sich über die hohe Visite gefreut haben.

Oben auf der Halde hat man eine kreisrunde Arena mit mehreren Hundert Plätzen errichtet – die vielleicht höchstgelegene Freilichtbühne des Ruhrpotts, hier ist sie zu Hause. Der Platz ist gut gewählt. Schon in der Antike liebte man es, sein Theater an luftigen Plätzen anzulegen. Der Grund hierfür ist ganz einfach: Ein solcher Ort steigert die dramatische Wirkung. Neben Schauspielen wie *Jedermann* oder Shakespeares *Sommernachtstraum* wurden auf der Halde auch schon Opern aufgeführt, *Der fliegende Holländer* zum Beispiel.

»Eignen würde sich auch der Kleine König Kalle Wirsch.«

»Warum?«

»Na wegen der Erdmännchen!«

»Tief unter der Erde, da-ha ist es schön, holadihi-holadiho …«

Agustín Ibarrola hat recht. Der Widerspruch zwischen Industrieraum und Natur ist nur ein scheinbarer. Längst hat die Natur damit begonnen, die Wunden zu verschließen, die der Moloch Mensch mit seinen Maschinen gerissen hat. Auch wenn es zufällig wirkt, sie verfolgt dabei einen festen Plan. Einige Pflanzen werden vorausgeschickt, sie sind die Pioniere, die mit den unwirtlichsten Bedingungen zurechtkommen, ja zu viele Nährstoffe oder Konkurrenten würden sie gar nicht tolerieren. Mit ihrem Wurzelwerk lockern sie die härtesten Böden auf, bilden eine erste zarte Humusschicht für die nächste Generation.

Und mit den Pflanzen kommen die Tiere, die Vögel vor allem, die hohe Aussichtspunkte lieben, aber auch von unseren vierbeinigen Freunden machen einige schon regelmäßig ihre Haldenbesuche. Selbst Eidechsen und Erdkröten soll man schon wieder gesichtet haben und natürlich das Haldenkaninchen, Klein-Haniel, der Liebling der Kinder.

Nun aber wird es Zeit, den Blick nach Osten zu richten. Da steht er ja direkt vor unserer Nase, Herkules, in seiner vollen Größe. Von voller Schönheit wagen wir noch nicht zu sprechen. Auf den ersten Blick wirkt der griechische Held eher etwas hässlich, aber vielleicht liegt das nur an der Perspektive, blicken wir doch direkt in sein Hinterteil. Ein Gerüst hat man zu seiner Rechten angebracht, benötigt er bereits eine Schönheitsoperation?

»Nein, nein«, beruhigt uns ein eleganter Herr, der zu uns tritt, »das ist nur der TÜV, der ihn routinemäßig überprüft.«

Der Herr kennt sich aus, das Schild an seinem Revers weist ihn als Geschäftsführer aus.

Der Held von hinten

»Eigentlich ist die Tür in der Wade versteckt, erkennen Sie sie? Die TÜV-Ingenieure aber steigen lieber bei der Hüfte ein.«

»Ist ihm denn schon mal was passiert?«

»I wo! Zwei Orkanen hat er schon erfolgreich getrotzt.«

Ein echter Herkules eben.

Wir sprechen den Geschäftsführer auf die Geschichte mit der Keule an, zuerst scheint er nicht zu verstehen, dann muss er lachen.

»Nein, nein, seine Keule hat ihm keiner gestohlen. Sehen Sie, worauf die Keule ruht?«

Auf einer Schildkröte! Seltsam. Was mag sich der Künstler dabei gedacht haben?

»Das dürfen Sie den Künstler nicht fragen«, lacht unser Informant, »für jede Antwort hält er sogleich erneut die Hand auf.«

Wir kneifen die Augen zusammen und schauen zum Herkules hinauf. Ursprünglich war er deutlich farbiger, nun blassen die Farben langsam aus.

»Nachstreichen verboten«, erklärt uns unser Experte, »auch das hat der Lüpertz so festgelegt.«

Sinnvoll, weil realitätsnah, finden wir. Helden verblassen eben, das ist ihr Schicksal. Wer erinnert sich heute noch an Fritz Szepan oder Ernst Kuzorra, die Schalke zur Meisterschaft kreiselten? Oder an Lothar Emmerich vom BVB und seinen legendären Satz: »Gib mich die Kirsche!« Lauter verblasste Helden.

Wir wollen unseren Informanten gerne noch fragen, was ein Herkules denn so kostet, da dröhnt es aus unsichtbaren Boxen: »Achtung, Achtung! Alarm! Bitte verlassen Sie sofort das Gebäude!« Verwundert schauen wir uns an. Gilt das auch für uns hier oben auf dem Dach? »Natürlich!«, beeilt sich der Geschäftsführer zu sagen. Gerne hätten wir den Herkules noch ein Weilchen betrachtet, aber wenn's brennt, muss man gehorchen.

Wir eilen zum Aufzug, zögern jedoch, ihn zu betreten. Soll man im Brandfall nicht lieber die Treppe benutzen? Andererseits, wir befinden uns im 13. Stock, und die Stockwerke haben eine stolze Höhe. Der Geschäftsführer findet eine Lösung. Er zückt sein Handy und telefoniert mit der Empfangsdame. Sie gibt grünes Licht und wir sausen hinunter ins Erdgeschoss.

Von überallher strömen die Menschen aus dem Gebäude, junge Leute die meisten, lachend und tiefenentspannt. Panik sieht anders aus. Ob sie alle dem Herkules vertrauen? Glauben sie, dass er sie mit seiner Keule schon beschützen wird? Die Bergleute hatten oft in einer Nische im Stollen die Statue der heiligen Barbara aufgestellt, ihre Schutzheilige unter Tage. Über Tage sorgt jetzt eben Herkules für himmlische Sicherheit. Zumindest in Gelsenkirchen.

Der Alarm scheint noch etwas anzudauern. Der fürsorgliche Geschäftsführer empfiehlt uns das *Heiner's*, ein Café ums Eck. Dort könnten wir in aller Ruhe abwarten, bis das Problem gelöst sei. Anschließend dürften wir selbstverständlich erneut hinauf zum Herkules.

Der Einkehrtipp ist gut. Eine junge Kellnerin mit hübschen Rehaugen serviert uns wunderbaren Cappuccino und leckeren Apfelkuchen. Das Café befindet sich in einem weiteren frisch renovierten Zechengebäude und ist an ein Hotelrestaurant angeschlossen, alles sehr licht und edel, moderne Baustoffe geschickt mit den alten Mauern kombiniert.

Durch das große Fenster beobachten wir, wie ein Feuerwehrauto vorfährt, eines von der kleinen Sorte. In aller Seelenruhe steigen zwei Einsatzkräfte aus, flachsen mit den Leuten, die das Gebäude verlassen mussten, und machen sich dann auf den Weg ins Haus.

Als wir eine halbe Stunde später unsere Fahrradtaschen bei der Empfangsdame abholen, erfahren wir, dass der Brandmelder in der Küche mal wieder zu empfindlich reagiert hat.

Besser einmal zu viel alarmiert als einmal zu wenig, trösten wir sie. Auf die erneute Fahrt zum Herkules hinauf verzichten wir. Der Held scheint uns eher für den Blick aus der Tiefe konstruiert, außerdem soll man ihn nicht zu häufig bei seiner Arbeit stören. Helden muss man sich einsam vorstellen.

Bei der Fahrt um die Schachtanlage herum bewundern wir eine hübsche Brunnenanlage, dann geht es wieder zum Emscherradweg. Vom Kanalufer aber werfen wir noch einen Blick zurück. Verdammt! Wo ist die Keule von Herkules? Jetzt ist sie tatsächlich verschwunden! Muss an der Perspektive liegen. Aber nun: Auf nach Bottrop!

»Bottroper Bier!«

Bottrop: Humor und dicke Eier

Die Persiflage auf das sentimentale Heimwehlied vom griechischen Wein stammt von Adolf Tegtmeier, einem frühen Komödianten, der die Psyche des Ruhris mit liebevollem Spott analysierte. Humor hat er, der Potti, auch wenn er wie Tegtmeier aus dem Rheinland stammt und eigentlich Jürgen von Manger heißt, also ehrlich!

Eine kleine Aufzählung aktueller Spaßvögel aus dem Kohlenpott? Herbert Knebel ist uns bereits begegnet, Atze Schröders Lockenkopf kennt jeder Fernsehzuschauer, wenn auch nicht Atzes bürgerlichen Namen, Markus Krebs, der Mann hinter dem Bauch, Kai Magnus Sting, (Dr.) Ludger Stratmann, Ingo Appelt, Torsten Sträter … Der vielleicht witzigste von allen aber ist Helge Schneider, niemand jazzt den Humor anarchischer als der gebürtige Mülheimer.

Eine gewaltige neue Kläranlage zwingt den Emscherradweg zu einem Schlenker. Vier riesige Faultürme beherrschen das Bild, man spricht von den Bottroper Eiern. 8.500 Liter

Schmutzwasser kann das Klärwerk reinigen, in der Sekunde! In den faulen Eiern verrotten die organischen Anteile; die Gase, die dabei entstehen, werden abgesaugt und genutzt. Das Bottroper Klärwerk ist eines der Big-Five entlang der Emscher, die den Fluss von jeder Verschmutzung sauber halten sollen, zu ihnen werden alle Abwässer geleitet.

Wieder hinterfragen wir den Sinn des Systems. Wäre es nicht klüger gewesen, man hätte auf den riesigen unteririschen Schmutzwasserkanal und die Mammutkläranlagen verzichtet und stattdessen viele dezentrale Kläranlagen entlang der Emscher errichtet? Aber was verstehen wir Laien schon von Klärtechnik. Die Profis werden alles klug bedacht und erwogen haben. Hauptsache ist doch, die Emscher wird wieder sauber.

Beim Betrachten der Bottroper Eier kommt uns wieder Herkules in den Sinn. Eine seiner Aufgaben ist es ja gewesen, den Stall des Augias auszumisten. Statt mühsam (und we-

Die Bottroper Eier

nig heldenhaft) zur Mistforke zu greifen, hat Herkules einen Fluss abgeleitet und durch den Stall fließen lassen, worauf der gesamte Mist mitgerissen wurde. Ist das nicht die passende Metapher für den Ruhrpott und die Emscher? Der Ruhrpott als Stall des Augias, die Emscher als Fluss, den man hindurchgeleitet hat. Um den Stall zu säubern, opferte man den Fluss. Vielleicht sieht der Herkules auf Nordstern deshalb so bedröppelt aus, er schämt sich. Keine Heldentat, die nicht ihre Schattenseite hat. Die heutigen Helden müssen nun wiederum den Fluss retten, so ändern sich die Zeiten.

»Die größte Heldentat des Herkules wäre es, wenn er Schalke zur Meisterschaft schießen würde! Wie ihm dabei Keule und Schildkröte helfen können, weiß ich aber auch nicht.«

Das sehe ich naturgemäß anders. Unbestreitbare Helden aber waren sicherlich die Bergleute im Revier. Am 20. Dezember 2018 wurde in Bottrop das letzte Kapitel ihrer Heldengeschichte geschrieben.

Die letzte Kohle vom Revier

In der Bottroper Zeche Prosper-Haniel, der letzten des Reviers, wurde der letzte Klumpen Kohle ans Tageslicht befördert. Mit Stolz und mit Rührung übergab der letzte Steiger des Reviers, Kumpel Jürgen Jakobeit, den sieben Kilo schweren Brocken während einer Feierstunde dem Bundespräsidenten. Frank-Walter Steinmeier bedankte sich im Namen aller in unserem Lande und erinnerte daran, wie viele Nationen unter Tage zusammengearbeitet haben: »Vor Kohle wurden aus Fremden Kumpel.«

Man soll es nicht verbrämen und im Nachhinein glorifizieren, tatsächlich jedoch hat die harte und gefährliche Arbeit ein großes Zusammengehörigkeitsgefühl erzeugt, unter und über Tage. Wer einmal in die pechschwarzen, durch die hellen Augenringe nur noch dunkler erscheinenden Gesichter der Bergleute geblickt hat, der versteht auf Anhieb, wie wenig Hautfarbe und Herkunft die Arbeiter unterschieden haben. Im Berg sind alle Kumpel gleich. Zu Recht unterstrich der Bundespräsident zudem die enorme Leistung, das Ende des Ruhrbergbaus sozialverträglich gestaltet zu haben. Kein Kumpel musste entlassen werden.

»Was hat Steinmeier denn mit dem letzten Klumpen Kohle gemacht?«

»Weiß nich. Vielleicht 'ne Currywurst für seinen alten Kumpel Schröder gegrillt.«

»Hol mir mal 'ne Flasche Bier!«

Hat es sich gelohnt, die Kohle aus dem Boden zu holen? Wirtschaftlich betrachtet? Zweifellos ist das Ruhrgebiet über viele Jahrzehnte der Motor der deutschen Wirtschaft gewesen, ohne Stahl und Kohle aus dem Revier wäre das Wirtschaftswunder der Nachkriegszeit deutlich weniger wunderlich ausgefallen.

Wie aber sieht die Bilanz aus, wenn man langfristig rechnet? Bereits mit Beginn der Kohlekrise Anfang der 1970er-Jahre konnte man mit der Kohle keine Kohle mehr machen, im Gegenteil, der Abbau musste massiv subventioniert werden. Bis zu vier Milliarden Euro Steuergelder flossen jährlich ins Ruhrgebiet und an die Saar, um Arbeitsplätze zu erhalten. War das Ruhrgebiet in der Nachkriegszeit die Lokomotive gewesen – NRW zahlte hohe Summen in den Länderfinanzausgleich, um Armenhäuser wie Bayern über Wasser zu halten –, so wurde nun der Pott an den Tropf gehängt.

Im Jahr 2007 beschloss der Bund, den Geldhahn nach und nach zuzudrehen, seit Ende 2018 ist Schicht im Schacht. Die Kohle aber hat weiter ihren Preis, auch nach der Schließung

Hier dampft der Pott noch – Kokerei Bottrop

der letzten Zeche. Bei der Ruhrkohle AG (RAG) arbeiten immer noch über 3.000 Menschen. Sie schrauben Leitungen und Maschinen ab und verfüllen die teils über 1.000 Meter tiefen Schächte.

Viele Arbeiter werden dauerhaft damit beschäftigt sein, die Schäden des Bergbaus zu begrenzen. Ständig dringt Wasser in den Schweizer Käse, weite Landstriche haben sich um mehrere Meter gesenkt, Polderflächen haben sich gebildet. Würde man nicht ununterbrochen pumpen, eine weite Seenlandschaft wäre die Folge. Kritisch ist die Lage auch dort, wo einst Kokereien gestanden haben. Dort muss das Grundwasser aufwendig von Schadstoffen gereinigt werden. Die Lasten des Kohlebergbaus werden als Ewigkeitsaufgaben bezeichnet. Mit 220 Millionen Euro ist zu rechnen – jährlich!

Fairerweise aber muss man, zieht man Bilanz, auch all die Bagger, Bohrer und Sicherheitstechnologien erwähnen, die weiterhin ins Ausland verkauft werden. Deutschland hat sich zum Experten für Bergbautechnik entwickelt, die weltweit gefragt ist. Über 10.000 Arbeitsplätze werden dadurch gesichert. Diese stehen symbolisch für die Entwicklung der Bundesrepublik. Man exportiert keine Rohstoffe mehr, man exportiert Know-how: Technorepublik Deutschland.

Ganz ohne Kohle geht es auch heute nicht. Womit soll man die Kraftwerke heizen und die Stahlküchen füttern? So kommt es, dass schwere Schüttgutkähne Kohle aus Russland und Kolumbien bis heute ins Ruhrgebiet transportieren.

»Ich werd' nich mehr: Kohle ins Revier schippern? Dat heißt doch Eulen nach Athen tragen!«

»So isses. Oder Meisterschalen nach Dortmund.«

»Scherzkeks!«

Kokerei Prosper und weiße Pisten

Auf der gegenüberliegenden Straßenseite steigt plötzlich eine gigantische weiße Dampfwolke in den Himmel. Prosper ist eine der letzten drei Kokereien im Pott, hier wird die Kohle auf 1.100 Grad erhitzt, da kann schon mal das Kühlwasser zischen.

Aktuell sind die Bottroper Kleingärtner ziemlich sauer auf Prosper, wird doch vor dem Verzehr ihres Gemüses gewarnt. Die Filteranlage scheint nicht zu funktionieren, krebserregende Partikel flocken auf die Beete. Man solle sein Gemüse besser auf dem Markt kaufen, rät selbst der Oberbürgermeister. Noch gibt es an der Emscher viel zu tun. Beim Kampf um saubere Elemente darf auch die Luft nicht vergessen werden.

Aber den Bottropern wird schon was einfallen. Sie haben viel Fantasie, nicht ohne Grund stammt mit August Everding einer der größten Theatermänner aus Bottrop. Fantasie bewiesen die Bottroper auch bei der Nutzung ihrer Halden. So eine Bergehalde ist doch der optimale Skihügel, haben sie sich gedacht. Da die Bottroper Winter aber bekannt milde ausfallen, baute man kurzerhand einen riesigen Kühlschrank. So entstand das *alpincenter*.

Wer will, kann hier winters wie sommers den Hang runterwedeln, auf einer 640 Meter langen Piste, dem längsten überdachten Skihang der Welt. Wer lieber professionell Biathlon betreibt, auch der kommt im Pott auf seine Kosten. In der Arena auf Schalke werden jeden Winter die heißesten Rennen ausgetragen – und auch die Schneeballweltmeisterschaft! Etwas verrückt sind sie schon, die Menschen an der Emscher.

Der BernePark

Kaum sind die Faultürme der neuen Kläranlage aus dem Blick geraten, kommen wir zu einem historischen Klärwerk. Selbst aus alten Klärwerken lässt sich noch was Schönes bauen, stellen wir am BernePark fest. Aus dem einen der beiden kreisrunden Becken wurde ein grünes Gartenrund geschaffen, der lange Rührer blieb erhalten. Oberhalb des Beckens hat man dicke Betonröhren aufgestellt, die mit Türen versehen sind. Wer will, kann darin übernachten, im vielleicht originellsten Hotel an der Emscher. Das zweite Klärbecken ist zu einem stillen Regenwasserbecken geworden. Ob man darin schwimmen kann? Vielleicht sollte der Beckenrand etwas freier zugänglich werden.

Im Zickzack um das begrünte Klärwerk herum kreuzen wir eine Köttelbecke. Vor seinem Haus sitzt gemütlich ein Rentner und blinzelt in die Sonne. Er erzählt uns, dass das

Abwasser seines Hauses bald nicht mehr in die Köttelbecke, sondern in eine ordentliche Kanalisation fließen würde. Die Mitteilung über die bevorstehende Straßensperrung habe er schon erhalten. Kämen seine Enkelkinder zu Besuch, würde er mit ihnen zum BernePark gehen: »Wenn mir dat damals einer erzählt hätte, dat man inne Klärwerk mal spielen kann …« Tempora mutantur!

Oberhausen: Kunst und mehr

Schnurstracks geht's nun am Kanal entlang, an dessen nördlichem Ufer ein Hochspannungsmast zu tanzen beginnt. Leiden wir nun schon an Halluzinationen? Das Internet beruhigt uns. Keine Halluzinationen, sondern Kunst. Eine Oberhauserin mit dem Künstlernamen »Inges Idee« hat sich den swingenden Mast ausgedacht, *Zauberlehrling* hat sie ihn getauft, als Warnung an den Menschen, sich in seiner Hybris nicht über die Natur zu erheben. Goethes Zauberlehrling hatte ja bekanntlich größte Schwierigkeiten mit den Geistern, die er rief.

Goethe überquert die Emscher

Zumindest einmal in seinem Leben war auch Johann Wolfgang von Goethe an der Emscher. Hier bei Sterkrade, das heute zu Oberhausen gehört, muss er mit der Postkutsche über die Brücke gerumpelt sein. Ende des Jahres 1792 ist das gewesen.
Die Französische Revolution hatte die deutschen Fürsten mächtig erschreckt. Was, wenn man auch in deutschen Landen nach Freiheit, Gleichheit und Brüderlichkeit zu rufen begann? So hatten die Fürsten eine Armee zusammengetrommelt, das Fürstentum Weimar hatte ebenfalls Soldaten gestellt, um es den aufmüpfigen Franzosen zu zeigen.

Der Zauberlehrling

Mit dem Heer war auch Goethe aufgebrochen und hatte in der Champagne den Sieg der französischen Revolutionäre miterlebt. Die geknickten deutschen Offiziere tröstete er nach dem Kampf mit dem Satz: »Von hier und heute wird eine neue Epoche der Weltgeschichte ausgehen, und Ihr könnt sagen, Ihr seid dabeigewesen.« Solche Sachen fallen eben nur einem Goethe ein. Was wird er erst über die Emscher geschrieben haben? Welche Verse hat er in sein Reisetagebuch notiert, als er auf dem Heimweg nach Weimar, von Duisburg kommend, ihre Ufer passierte?
Wir haben uns wirklich bemüht, o ja, wir haben die riesigen Bibliotheken der Germanisten durchstöbert, die komplette Primär-, Sekundär- und Tertiärliteratur, derer wir habhaft werden konnten, und zudem jede Ecke des weltweiten Netzwerks. Alles vergebens. Wir haben nichts gefunden. Keine Ode, kein Gedicht, ja nicht mal die kleinste Erwähnung ihres Namens. »Ich ging an der Emscher so für mich hin und nichts zu suchen, das war mein Sinn …« oder »Vom Eise befreit sind Rhein und Emscher, durch des Frühlings holden belebenden Blick …« Irgend so was in der Art.
Fehlanzeige! Goethe hat es nicht für nötig gehalten, der Emscher zu gedenken. Gut, es war Winter, als er mit der Kutsche über die Emscherbrücke rumpelte, von holden Frühlingsblicken natürlich noch keine Spur, aber auch ein Wintergedicht hätte uns erfreut oder mehr noch ein Liebesgedicht oder von uns aus auch ein Gute-Nacht-Lied, vielleicht das eines Emscher-Wanderers:

Über allen Halden
ist Ruh',
zwischen allen Schloten
spürest du
kaum einen Hauch;
die Tröten schweigen auf Schalke,
warte nur, balde
ruhest du auch.

»Warum ist Goethe denn überhaupt über die Emscher? Nach Weimar wär's doch in südöstlicher Richtung gegangen.«

»Wegen der Franzosen! Die Revolutionsarmee war ihm auf den Fersen.«

Goethe hatte sich von den Schrecken der Schlacht bei Valmy in Düsseldorf bei seinem Freund Jacobi regeneriert und in Duisburg einen weiteren Bekannten getroffen, den Philosophen Plessing, der an der kleinen Universität lehrte. Auf einem alten Postweg, einer traditionellen Route, die vom Rheinland nach Bremen führte, war der Geheime Rat dann weitergereist nach Münster, wo er eine bemerkenswerte Frau treffen wollte, Amalie von Gallitzin. Doch das ist eine andere Geschichte.

»Willst du hören, was er seiner Frau Christiane von unterwegs geschrieben hat, die er als einfache Arbeiterin aus der Papierblumenfabrik kennengelernt hatte?«

»Erzähl.«

»›Sei ein guter Hausschatz und bereite mir eine hübsche Wohnung. Sorge für das Bübchen und behalte mich lieb.‹«

»Er beschränkt sich aufs Wesentliche.«

»An einer anderen Stelle schreibt er: ›Richte nur alles wohl ein und bereite dich, eine liebe kleine Köchin zu werden.‹«

Doch man muss fair sein. Die Auswahl der Zitate ist es nicht. So schreibt Goethe seinem Bettschatz auch: »Behalte mich ja lieb! Denn ich bin in Gedanken oft eifersüchtig und stelle mir vor: dass dir ein andrer besser gefallen könnte, weil ich viele Männer hübscher und angenehmer finde als mich selbst.« Sympathisch oder nicht? Sympathischer noch, wie er Christiane begründet, warum sie nur ihn allein lieben soll. Er wirft nicht den Poeten in die Waagschale, nicht den Minister, nicht den wohlhabenden Bürger. »Du musst mich für den Besten halten, weil ich dich ganz entsetzlich liebhabe und mir außer dir nichts gefällt.« Darauf kommt es an, allein

Der Gasometer von Oberhausen

auf die Liebe. Hat er deshalb nicht auf die Emscher geachtet, weil er nur seine Christiane im Kopf hatte? Dann wollen wir ihm verzeihen.

Doch Schluss mit der Goetheritis. Der Pott ist nicht Weimar. Hier herrscht eine andere Poesie, die Poesie der Halden und Fördertürme.

Auf einem zeltgeschützten Floß kommt uns eine Mannschaft von Gaudiburschen entgegen, der Grill raucht, Bierflaschen klirren. Feiern auf dem Kanal, auch eine Freizeitmöglichkeit. Beim Weiterradeln gerät eine neue Erhebung in unseren Blick, ein mächtiger Berg, der größer und größer wird, das Matterhorn! Kein Witz. Es ist tatsächlich das Matterhorn. Allerdings nur auf einem riesigen Plakat, das einen hohen Rundbehälter ziert: »Der Berg ruft!« Wir haben den Gasometer von Oberhausen erreicht, Europas größte Ausstellungshalle. Für einen Besuch ist es schon zu spät, stattdessen schwenken wir nach rechts Richtung Sterkrade, überqueren auf einer luftigen Radfahrerbrücke die Emscher und gelangen nach einer kleinen Suchaktion in die Siedlung Eisenheim.

Eisenheim – die älteste Arbeitersiedlung im Pott

Wilhelm Lueg, Chef der »Hüttengewerkschaft Jacobi, Haniel und Huyssen«, der späteren Gutehoffnungshütte, weiß, dass gutes Gehalt und freiwillige Leistungen, wie eine Hilfskasse für Krankenfälle, nicht reichen. Was es braucht, ist anständiger Wohnraum, und daran mangelt es in Oberhausen. Wilhelm Lueg ist ein Mann der Tat. Ohne dass eine Baugenehmigung vorliegen würde, kauft er in der Nähe seiner Werke acht Hektar sumpfiges Ackerland. Sollte er damit spekuliert haben, die Baugenehmigung schnell zu bekommen, so hat er sich getäuscht. Die Nachbargemeinde Osterfeld protestiert. Was, wenn die

Neubürger krank werden, wenn sie ihre Arbeit verlieren? Wer soll sie dann durchfüttern?

Wilhelm Lueg verliert die Geduld und lässt einen Bautrupp anrücken. Auch ohne Genehmigung. Eisenheim entsteht. Die ersten Häuser sind für die Meister der Hütte gedacht, nach und nach entstehen weitere Straßenzüge für Hüttenarbeiter, später auch für Bergleute. Jedes Haus hat eine spezielle Architektur, vier Wohnungen, verteilt auf zwei Stockwerke. Die Mieten der Werkswohnungen sind günstig.

1901 ist Eisenheim bereits auf über 50 Häuser gewachsen. Jede Familie verfügt über einen großen Garten hinter dem Haus, einen Ort zum Erholen, wichtiger aber noch, um sich mit dem Nötigsten zu versorgen. Gemüse und Obst bauen die Bewohner an, Kleinvieh sorgt für Eier und dann und wann etwas Fleisch im Topf. Eine lebhafte Nachbarschaft entsteht. Im selben Werk zu arbeiten und das Gefühl, sich gemeinsam eine neue Heimat zu bauen, schweißen die Eisenheimer zusammen.

Der Zweite Weltkrieg schlägt auch in Eisenheim Wunden. Viele Bewohner verlieren ihr Leben, einige Häuser werden zerstört. Manche baut man nach dem Krieg vereinfacht wieder auf, der Eigentümer der Siedlung aber sieht die Sache von der wirtschaftlichen Seite. Deutlich höhere Mieten lassen sich durch Neubauten erzielen.
Schließlich will der Thyssen-Konzern, dem die Siedlung mittlerweile gehört, Eisenheim komplett opfern, um dort mehrgeschossige Gebäude zu errichten. Die Eisenheimer sind entsetzt. Ihre Heimat verlassen? Ihre Nachbarschaft gegen ein anonymes Hochhaus tauschen? Zaghaft beginnen sie zu protestieren, schreiben Leserbriefe, sammeln Unterschriften. Dennoch ist es ein Kampf David gegen Goliath. Was können sie schon gegen einen mächtigen Konzern erreichen, der zudem bestens mit der Politik kann?
Bevor Eisenheim platt gemacht wird, wollen Soziologen das Leben in der ersten Arbeitersiedlung des Ruhrpotts in einer Dokumentation festhalten. Von der Fachhochschule Bielefeld kommt Professor Roland Günter, zusammen mit seiner ebenfalls wissenschaftlich tätigen Frau Janne. Sie machen sich vor Ort mit den Bewohnern und ihrem Leben vertraut, Wie funktioniert das Netzwerk in der Siedlung? Was verbindet die Menschen? Wo begegnen sie sich, wo kaufen sie ein, welche Wege nutzen sie? Roland Günter und seiner Frau wächst die Arbeitersiedlung ans Herz. Um Eisenheim zu retten, ziehen sie mit ihren beiden Kindern in eine frei werdende Wohnung, ihre Küche wird zum Zentrum des Widerstandes.
Aus Wissenschaftlern sind Aktivisten geworden. Die »Arbeiterinitiative« der Eisenheimer wird zum Vorbild für 50 ähnliche Bürgerinitiativen im Ruhrgebiet. Ermutigt von den Eisenheimern kämpfen nun überall im Emscherland Menschen für den Erhalt ihrer Siedlungen. Der Thyssen-Konzern aber gibt seine Abrisspläne nicht auf: Was wollt ihr denn in den alten Hütten? Keine Toilette, kein Bad, keine Kanalisation!

Familie Günter investiert 6.000 Mark aus eigenen Mitteln, dann sind Bad und Toilette vorhanden, auch eine zusätzliche Heizung. Von 1974 bis 1980 nutzen sie ihren Küchentisch als Sekretariat der »Forschungsstelle Eisenheim für Arbeiterwohnung im Ruhrgebiet«.

Die Hartnäckigkeit führt zum Erfolg. Politik und Thyssen lenken ein. Man errichtet eine Containersiedlung in der Nachbarschaft, ein Ersatzquartier. Dann macht man sich daran, die Häuser zu sanieren, 39 an der Zahl. 1981 kehren die Eisenheimer in ihre alten Häuser zurück. Einen Teil ihrer alten Möbel stiften sie aus Dankbarkeit. Im Museum Eisenheim kann man sie bewundern.

Gemütlich räkelt sich die Siedlung im Abendlicht. Ein Mann, der seinen Rasenmäher zur Garage schiebt, blinzelt uns lustig an. Als er die Kamera baumeln sieht, wirft er sich vor uns auf dem Weg in Pose und fordert uns auf, ein Bild von ihm zu schießen. Nun denn! Das Foto eines echten Eisenheimers, warum nicht? Rainer drückt ab. Damit jedoch gibt sich der fotosüchtige Hobbygärtner nicht zufrieden, erst als wir ihm das Display hinhalten, glaubt er uns, dass er tatsächlich abgelichtet ist.

Heiterkeit ein paar Meter weiter, wo sich einige Eisenheimer zum Abendbrot niedergelassen haben. Man hatte die Szene amüsiert beobachtet. »Wohnen schon komische Leute hier«, ruft uns eine Frau zu. Alle scheinen sie stolz auf ihre Siedlung zu sein, zu Recht. Sie macht wirklich einen schmucken Eindruck.

Wir radeln einmal ums Karree, dann merken wir, wie sich auch bei uns der Hunger meldet. »Wennse mal richtig gut essen wills, geh zu Oma oder anne Bude«, flüsterte der Ruhrpottler seinem Sohn ins Ohr. Doch bevor es ans Achillen geht, wollen wir unser Gepäck loswerden.

Unser Quartier liegt in der Nähe des Bahnhofs. Auf dem Weg dorthin kommen wir am CentrO vorbei, einem Konsumtempel der Superlative. Wer auch nur drei Minuten in jedem der dort befindlichen Geschäfte verbringen will, der muss dafür über zwölf Stunden einplanen. Fans der schnellen Küche lieben die Cola-Oase, den mit über 1.000 Plätzen zweitgrößten Food-Court der Welt. – Was ein Food-Court ist? Wenn man zwischen möglichst vielen Fast-Food-Geschäften die Auswahl hat. Wir radeln schnell vorüber, von der Neuen Mitte zur alten.

Wie so viele Ruhrpottstädte besteht auch Oberhausen aus einem kunterbunten Stilmix. Stolze Gründerzeithäuser mischen sich mit liebloser Nachkriegsarchitektur, verblasste Jugendstilornamente konkurrieren mit modernen Bürohäusern. Viel Verkehr rollt über dringend sanierungsbedürftigen

Ein echter Eisenheimer

Asphalt, Grünflächen schieben sich dazwischen, Döner-Buden scheinen die alten Eckkneipen abgelöst zu haben.

Als wir unsere Räder in den Hof unseres Hotels schieben, fängt es an zu plästern, sodass wir den Plan aufgeben, den nahen Hauptbahnhof und seine vielgelobten Lichtinstallationen auf den Museumsbahnsteigen zu besuchen. Auch verzichten wir darauf, auf Pirsch zu gehen und eine echte Arbeiterkneipe oder eine Trinkhalle aufzustöbern. Stattdessen entscheiden wir uns für das hoteleigene Restaurant. Frischer Spargel steht auf der Karte, leider aber keine Soleier. Die durften früher in keiner Kneipe im Ruhrgebiet fehlen, im sogenannten »Hungerturm«, einer gläsernen Vitrine, konnte man sich zudem mit Frikadellen oder Essiggurken stärken.

Soleier im Ruhrglas

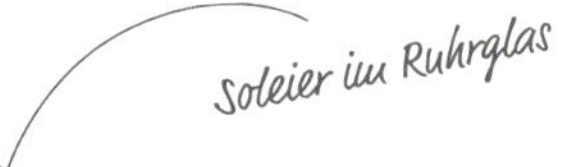

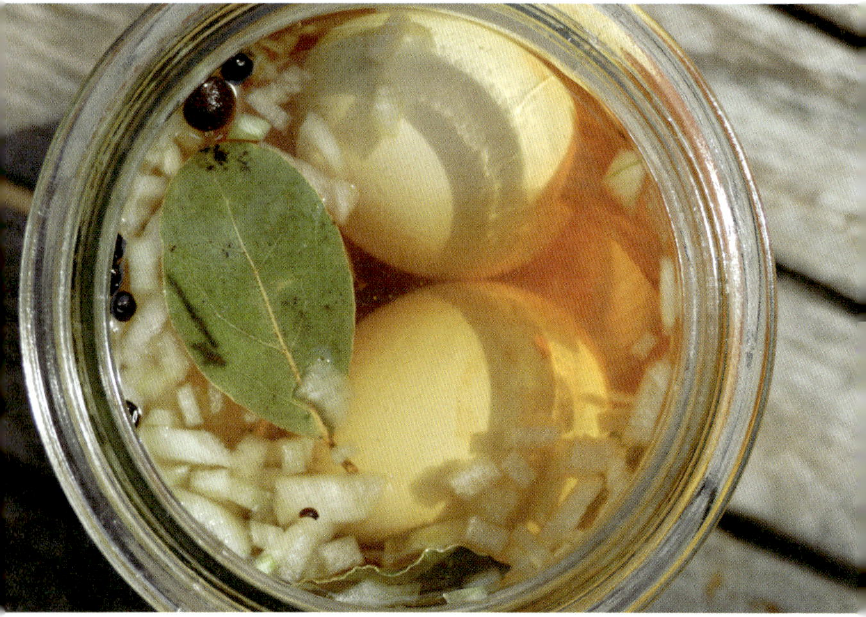

Rezept für die besten Soleier

Soleier zu kochen ist ganz einfach. Man pikse beherzt 12 Eiern in ihre dicke Rundung und lasse sie vorsichtig in kochendes Wasser gleiten. Nach 10 Minuten schrecke man sie kalt ab. Falls dabei ein Ei vor Schreck in die Spüle fällt und die Schale zerspringt, nicht schlimm, im Gegenteil, denn das soll sie. Aber Vorsicht! Die Schale soll nicht abspringen, sondern lediglich viele feine Risse bekommen.

Die solcherart malträtierten Eier in ein großes Einmachglas rollen lassen. Einen Liter Wasser aufkochen, 60 Gramm Salz, einen Teelöffel Zucker, einen Teelöffel Kümmel, eine fein gewürfelte Zwiebel, 20 schwarze Pfefferkörner und 3 Pimentkörner hinzu und als Krönung zwei Lorbeerblätter und eine braune Zwiebelschale hineinsegeln lassen. Umrühren, bis sich das Salz aufgelöst hat. Die Sole etwas abkühlen lassen, aber noch heiß über die Eier gießen. Fertig! Jetzt muss die Bande für 24 Stunden in den Kühlschrank.

Servieren sollte man Soleier auf die folgende Weise: Nachdem man die Schale abgepellt hat, das Ei halbieren und das Eigelb vorsichtig herauslöffeln. In die entstandene Kuhle etwas Essig und Öl tröpfeln und pfeffern, dann das Eigelb konvex, also mit dem Bauch nach oben wieder aufsetzen. Ein Senfklecks daneben – guten Appetit! Bewundern Sie die schöne Musterung der Eier. Sehen sie nicht aus wie aus Marmor gemacht? Die zarte Färbung an den Bruchstellen hat die Zwiebelschale gezaubert, das Auge isst ja schließlich auch mit.

Fünfter Reisetag: von Oberhausen zum Niederrhein, zur Mündung

Kanal und Emscher –
eine Liebe geht zu Ende

Fünfter Reisetag: von Oberhausen zum Niederrhein, zur Mündung

Am fünften und letzten Reisetag verschwinden wir im Oberhausener Gasometer, zirkeln durch die verrückteste Brückenspirale, staunen über Duisburger Künstler und Geistesgrößen, bevor wir aus dem Ruhrpott hinausgleiten, hinein in die niederrheinische Tiefebene, und der Himmel immer weiter wird, bis zu dem lauschigen Ort, an dem sich Emscher und Rhein vereinigen.

In türkisch-deutsch geführten Hotels fällt das Frühstück variantenreich aus, beleben doch Oliven und Antipasti die deutsche Brötchenlandschaft. Auch ein frisches Rührei bekommen wir serviert, wer vermisst da das Salzei aus dem Glas? *WetterOnline* meldet vormittags Regen, wir machen das Beste draus und radeln zum Gasometer. Das Ticketcenter hat ein schützendes Vordach, kann es einen besseren Unterstand für unserer Räder geben?

Doch haben wir die Rechnung ohne den Wirt gemacht. Entschieden verweist uns die Kassiererin auf die Radständer, die ungeschützt im Freien stehen. »Aber es regnet doch!«, versuchen wir ihr Herz zu erweichen. Ohne Erfolg. Sie müsse darauf bestehen, heute schaue die Chefin vorbei. Das gibt den Ausschlag, wir gehorchen. Ärger mit der Chefin dürfen wir der Ärmsten nicht antun. Ein Fahrrad am falschen Platz! Das könnte den Job kosten.

Wir müssen an Zeche Nordstern denken, auch dort hatte man sich ja an unseren abgestellten Rädern gestört. Das Einzige, was dem Emscherradweg noch fehlt, sind überdachte Fahrradständer. Aber vielleicht liegt es ja auch an uns. Wir leben schon zu lange im Universitätsstädtchen Erlangen, wo es nicht nur an überdachten Fahrradständern mangelt, sondern überhaupt die fröhlichste Fahrradanarchie anzutreffen ist. Im Ruhrpott herrschen eben noch Zucht und Ordnung. Doch nun hinein in den gigantischen Turm.

Im Gasometer

Wie speichert man Energie? Die Frage ist brandaktuell, aber keineswegs neu. Vor gut 90 Jahren standen die Industriearbeiter von Oberhausen vor folgendem Problem: In der Gutehoffnungshütte fiel bei der Verhüttung des Erzes als Nebenprodukt jede Menge Gas an, sogenanntes Gichtgas. Hiermit ließ sich prima und auf kostengünstige Weise die benachbarte Kokerei in Osterfeld befeuern. In der Theorie.

Dummerweise nur arbeiteten die beiden Werke oft nicht synchron. Legte die Gutehoffnungshütte ein Päusken ein, ging der Kokerei das Gas aus; fuhr die Gutehoffnungshütte die Produktion wieder an, brauchte die Kokerei das Gas oft nicht mehr, und es musste sinnlos abfackelt werden. Deshalb kam man auf die Idee, einen Gasspeicher zu bauen, den größten, den Europa je gesehen hat.

1927 begann man den Gasometer zu errichten, zwei Jahre später ragte er stolze 117,5 Meter in die Höhe, bei einem Durchmesser von 67,6 Metern. Platz für jede Menge Gichtgas. Doch der Gasometer war keinesfalls nur eine überdimensionierte Dose, er war ein ausgetüfteltes Hightech-Gerät. Das Gas musste ja nicht nur hinein, es musste auch wieder heraus. Dafür aber brauchte man genügend Druck.

Um diesen zu erzeugen, konstruierte man eine riesige Scheibe, die auf dem Gas schwamm. Und damit nicht genug. Um den Druck noch zu erhöhen, beschwerte man die Scheibe mit Betongewichten. Wie aber stellte man sicher, dass sich am Rand

der schwimmenden Scheibe kein Gas vorbeiquetschte? Auch dafür fand man eine Lösung. An den Innenwänden des Gasometers lief permanent ein undurchlässiges Öl-Teer-Gemisch entlang, das am Boden aufgefangen, gereinigt und wieder nach oben gepumpt wurde.
Satte 347.000 Kubikmeter Gas konnte der Gasometer speichern, erst Gichtgas, dann das hochwertige Koksgas aus Osterfeld, mit dem die umliegenden Fabriken bis nach Holten versorgt werden konnten. Speicherproblem gelöst!

Damals war es gelungen, das Energiespeicherproblem mit ausgeklügelter Technik zu lösen. Wir können uns kaum vorstellen, dass dies bei den aktuellen Herausforderungen mit dem nötigen Ehrgeiz nicht gelingen sollte.

Als der Gasometer im Jahre 1988 sein letztes Gas ausgehaucht hatte, hieß es: »Der Mohr hat seine Arbeit getan, der Mohr kann gehen.« Zum Glück konnte der Koloss von Oberhausen vor dem Abriss bewahrt werden, was wesentlich der Internationalen Bauausstellung Emscher Park zu verdanken ist.

Die IBA Emscher Park war ein segensreiches, auf zehn Jahre angelegtes Projekt des Landes NRW, mit dem man der Strukturkrise entlang der Emscher erfolgreich begegnete. In der Nachwendezeit, als alles nach Osten schaute, legte man nicht nur den Emscher Park an, sondern kümmerte sich zudem um den ökologischen Umbau des Emscher-Systems, um Wohnen und Stadtentwicklung. Und rettete zahlreiche Industriedenkmäler wie Oberhausens Gasometer. Man entlüftete das Prachtstück gründlich und richtete es für die Öffentlichkeit her – höher ragt keine europäische Ausstellungshalle in den Himmel. Die Gasdruckscheibe wurde in 4,20 Meter Höhe befestigt.

Spektakuläre Dinge waren im Gasometer schon zu sehen: der größte Mond auf Erden, »The Wall«, eine Mauer aus

13.000 lackierten Ölfässern – oder 2013 jede Menge Luft in Schläuchen, als Verpackungskünstler Christo sein *Big Air Package* installierte. »Think big!«, heißt es in Oberhausen. Und nun ruft der Berg. In den unteren Geschossen des Gasometers sind überwältigende Großfotos von Bergen aus aller Welt aufgehängt.

Reinhold Messner hat die Ausstellung mitkonzipiert, es geht um den ewigen Kampf zwischen Mensch und Natur, um die Herausforderung, die verrücktesten Höhen zu bezwingen. Über Treppen und eine Öffnung in der Gasdruckscheibe gelangen wir zum eigentlichen Innenraum. Wir halten den Atem an.

In den unvorstellbar hohen schwarzen Raum hat man ein beleuchtetes Objekt gehängt, den Nachbau des Matterhorns. Mit dem Gipfel nach unten schwebt es in der Luft, unter ihm, raumfüllend, eine kreisrunde Spiegelscheibe, die den Alpenriesen wieder auf die Füße stellt. Lichtprojektionen lassen einen Tag im Zeitraffer vergehen, von der frühen Morgenröte über den gleißend-hellen Mittag zum abendlichen Alpenglühen, bis das Mondlicht übernimmt und die Schneefelder in sein Silber taucht.

So weit das Matterhorn auch entfernt ist, die Ausstellung scheint perfekt ins Ruhrgebiet zu passen. Seltsamerweise spricht man ja auch vom Berg, wenn es in die Tiefe geht. Der Bergmann ist, wenn man so will, das Pendant zum Bergsteiger; Steiger gab es ebenfalls auf jeder Zeche. Ob hinauf oder hinunter, alles nur eine Frage der Perspektive. Oder der Reihenfolge. Beim Bergsteiger geht's zunächst hinauf und am Ende wieder hinunter, beim Bergmann ist es umgekehrt.

»Nur die Aussicht ist auf dem Matterhorn besser.«

»Das stimmt. Und vermutlich auch die Luft.«

Uns packt das Bergfieber, nun wollen wir ganz nach oben. Mit einem Innenaufzug sausen wir den ehemaligen Gasbehälter hinauf, oben ist es windig und nass, dennoch genießen

Schloss Oberhausen – jede Menge Kunst

wir den schwindelerregenden Rundblick und die Aussicht auf Kanal und Emscher. Hier geht die Emscherinsel zu Ende. Der Rhein-Herne-Kanal läuft weiter zum Duisburger Hafen, den Lauf der Emscher hingegen hat man nach Nordwesten abgeknickt. Im fernen Wolkengrau liegt unser Ziel, die Mündung in den Rhein. Abwärts geht's!

Schloss Oberhausen und die Slinky Springs to Fame

Rainer zieht ein Handtuch hervor und trocknet unsere nassen Sättel. Zum Glück ist der Regen weitergezogen. Trockenen Hauptes kommen wir zum nächsten kulturellen Highlight Oberhausens, zum Museum. Eine Hochzeitsgesellschaft prostet dem frischgebackenen Brautpaar zu, im anderen Flügel regiert die Kunst. Hier ist auch die berühmte Ludwiggalerie zu Hause. Durch die Scheibe können wir die Werke einer Oberhausener Künstlergruppe betrachten, durchaus beachtliche Regionalkunst.

Vor dem Schloss öffnet sich eine große Spirale. Wir nehmen die Einladung an und lernen das nächste verrückte Brückenkunstwerk kennen, »Slinky Springs to Fame«, sehr poppig und überaus schwingungsfähig. Frisch verliebten Frauen sei empfohlen, sich ans Ende dieser Brücke zu stellen, dann steigt die Chance auf Verpartnerung deutlich.

Psychologen hatten für ein Experiment ein und dieselbe Studentin mal ans Ende einer festen Brücke und mal ans Ende einer Wackelbrücke gestellt und ihr männliche Studierende entgegengeschickt. Welcher Gruppe hatte die junge Frau besser gefallen? Eindeutig den Wackelkandidaten! Man spricht von einer Fehlattribution, die Erregung durch die schwingende Brücke wird auf die Frau übertragen, und schon kann sie sich vor Verehrern nicht retten. Am Ende der Spiral-Brücke aber wartet leider kein weibliches Wesen auf uns, so müssen wir unbeweibt weiterradeln.

Duisburg: Alte Emscher und Kleine Emscher

Der Kanal, den wir nun verlassen, folgt auf seinem weiteren Weg größtenteils dem Lauf der ursprünglichen Emscher. Bis zum Jahr 1910 durfte die Emscher hier entlangfließen, Bergsenkungen aber machten ihr die Arbeit immer mühevoller, sodass sich die Emschergenossenschaft entschloss, ihr ein neues Bett zu spendieren, heute Kleine Emscher genannt.

Ursprünglich mündete die Emscher in Duisburg in den Rhein, nicht weit von der Ruhr. Ihr früherer Lauf ist nicht vollständig verschüttet worden, die Alte Emscher existiert noch als knapp acht Kilometer langer Altarm, der heute – abgeschnitten vom ursprünglichen Fluss – ausschließlich durch Regenwasser gespeist wird.

Die Alte Emscher durchzieht den Landschaftspark Duisburg-Nord, ein weiteres renaturiertes Industriegelände mit eindrucksvollen Denkmälern aus der Zeit der rauchenden Schlote: einer Bunkeranlage als Kletterparadies, einem Gasometer, den man zu einem Hydrometer umgestaltet hat, sodass man darin auf Tauchstation gehen kann, einem Restaurant in der Hauptschaltzentrale, einer Aussichtsplattform auf dem Dach eines Hochofens.

Besonders an Sommerabenden, wenn alles kunstvoll beleuchtet wird, sollte man einen Besuch einplanen. Und noch etwas darf man nicht verpassen, wenngleich es heute verkehrsumtost und etwas schwer zu finden ist: das Pumpwerk Alte Emscher.

Pumpwerk Alte Emscher

Welche Wirkung wird der stolze Kuppelbau einst auf die Menschen gehabt haben? Frei in der Landschaft hat man das Pumpwerk errichtet, das rheinisch-westfälische Pantheon. Entworfen haben den kühnen Bau im Auftrag der Emschergenossenschaft der Architekt Alfred Fischer und der Bauingenieur Ernst Mautner. 1914 ging das Pumpwerk in Betrieb.

Sein Name »Alte Emscher« ist eng mit seiner Funktion verknüpft. Weil sich die Emscher gesenkt hatte, fehlte ihr das Gefälle, ihre Wasser bei Duisburg in den Rhein fließen zu lassen, wie sie es seit Urzeiten gewohnt war. Um sie wieder fluten zu lassen, hatte man weiter nördlich die Neue Emscher gegraben und begann nun, das im Duisburger Norden im Bereich der alten Emscher weiter anfallende Wasser durch riesige Rohre hinauf zum Rhein zu pumpen.

Das erste Pumpwerk der Emschergenossenschaft war seinerzeit die größte Pumpe Deutschlands – sie erbrachte die stolze Pumpleistung von 18,5 m^3/s – und trotz oder vielleicht gerade wegen seiner Größe von überwältigendem ästhetischen Reiz. Unglaubliche 41 Meter weit spannt sich seine Kuppel frei über die Halle, leicht und mühelos, obwohl doch aus schwerem Beton gebaut. Zu Recht wurde das Pumpwerk in die Reihe der historischen Wahrzeichen der Ingenieursbaukunst aufgenommen.

Noch heute erstaunen Mut und Umsicht der Erbauer, musste ihr Meisterwerk doch nicht nur den gefährlichen Bergsenkungen standhalten, sondern zudem dem enormen Druck von Hochwassern. Allen Belastungen aber trotzte das Pumpwerk souverän, selbst der Beschuss im Zweiten Weltkrieg konnte es nicht in Schutt und Asche legen. Heute noch dient der Kuppelbau als Reservepumpwerk. Sollten benachbarte moderne Pumpen ihren Dienst versagen oder sollte es zu Unwettern kommen, heißt es wieder: »Wasser marsch!« Auf das Pumpwerk Alte Emscher ist Verlass.

Pumpwerk Alte Emscher um das Jahr 1915

So berührend wie lückenhaft ist die Biografie von Ernst Mautner, des verantwortlichen Bauingenieurs, die wir der lesenswerten Denkschrift *Das Pumpwerk Alte Emscher Duisburg* entnehmen. Die Herkunft des genialen Technikers liegt genauso im Dunkeln wie sein Ende.

Vermutlich wurde er 1879 in Prag geboren, als Sohn jüdischer Eltern. Man nimmt an, dass er an der Technischen Hochschule seiner damals zweisprachigen Geburtsstadt studiert hat, 1907 trat er aus der jüdischen Gemeinde Wiens aus, 1908 begann er als Ingenieur bei Hochtief in Frankfurt, 1909 wechselte er zu einem Düsseldorfer Unternehmen, um dann für viele Jahre bei der kleineren, aber hochspezialisierten Firma Dücker als Oberingenieur tätig zu werden, ebenfalls in Düsseldorf.

Bekannt ist noch, dass Mautner 1914 an der Prager Technischen Hochschule seinen Doktor gemacht hat und dass er bis 1930 in Düsseldorf lebte. Dann verliert sich von ihm jede Spur, wie Alexander Kierdorf, der Verfasser der Denkschrift, schreibt.

Wir ziehen unser Handy hervor und geben den Namen Ernst Mautner ein. Die Denkschrift ist zwar erst wenige Jahre alt, dennoch ... vielleicht erfahren wir ja etwas Neues. Nur wenige Einträge bietet uns Google für Ernst Mautner, wir klicken einen der ersten an und sind betroffen. Die Seite nennt sich *Buch der Erinnerung: Die ins Baltikum deportierten deutschen, österreichischen und tschechoslowakischen Juden*. Seitenweise werden Namen aufgelistet, über 30.000, man musste eine kleine Schrift wählen, sonst wäre das *Buch der Erinnerung* noch dicker geworden.

Auf Seite 526 stoßen wir auf den Namen Ernst Mautner. Die Seite trägt die Überschrift: von Theresienstadt nach Riga. Sollte es sich wirklich um den Ingenieur des Emscher Pumpwerks handeln? Als Geburtsdatum ist der 23.05.1890 vermerkt, das spräche dagegen, als letzte Adresse allerdings wird Prag genannt. Ist Ernst Mautner nach der Machtergreifung der Nazis 1933 in seine Heimatstadt geflüchtet? Aber auch von Düsseldorf sind am 27.10.1941 und am 10. November 1941 zwei große Sammeltransporte mit jeweils 1.000 jüdischen Mitbürgern in die Gettos Osteuropas durchgeführt worden.

Was von dem genialen Ingenieur Ernst Mautner bleibt, ist sein mit dem Architekten Alfred Fischer geschaffenes, unter Denkmalschutz gestelltes Pumpwerk »Alte Emscher«, eines der schönsten Zeugnisse deutscher Industriekultur. Im Gegensatz zu Ernst Mautner ist Alfred Fischers weiterer Lebensweg bekannt. Von den Nazis beurlaubt und zwangspensioniert, starb er 1950 im bayerischen Murnau. Liest man die Biografien weiterer verantwortlicher Techniker und Ingenieure, so fällt auf, wie viele weitere von ihnen Opfer des NS-Systems geworden sind, sei es aufgrund ihrer jüdischen Herkunft, sei es aufgrund ihrer politischen Einstellung.

Wir grüßen die Alte Emscher still und schwingen uns wieder in den Sattel. Nun geht es ein Stück parallel zu einer Bahnstrecke. Blieben wir diesem Weg treu, wir würden entlang der Kleinen Emscher radeln, dem 1910 in Betrieb genommenen neuen Mündungsarm. Er durfte bis 1949 die schmutzigen Emscherfluten weiterleiten, dann hatte auch die Kleine Emscher den Kanal voll. Immer weiter hatte sich das ausgehöhlte Ruhrgebiet gesenkt, wieder musste mehr Gefälle und damit eine neue Mündung her.

Der Emscherradweg leitet uns entlang der aktuellen Emscher, so bekommen wir von der Kleinen Emscher nichts mit. Die Kleine Emscher mündete bei Duisburg-Walsum in den Rhein, ein Gebiet, in dem der Thyssen-Konzern mit seinen Stahlwerken herrscht. Was heute kaum mehr im Bewusstsein der Menschen ist: Duisburg war einmal eine bedeutende Universitätsstadt – und ihr bekanntester Wissenschaftler Gerhard Mercator.

Gerhard Mercator und der erste Weltatlas

Am frühen Morgen des 5. März 1512 kam in dem kleinen flandrischen Ort Rupelmonde, südwestlich von Antwerpen, Gerhard Kremer zur Welt. Der Sohn deutscher Eltern wurde in eine spannende Zeit hineingeboren, stand das Mittelalter doch an der Schwelle zur Neuzeit. Nicht nur Amerika, rund um den Globus entdeckten die europäischen Flotten immer neue, nie gesehene Länder. Ein Wettlauf begann, die neuen Welten für sich zu gewinnen und den Handel neu und gewinnbringend zu organisieren. Als erfahrene Seefahrer hatten die Flamen die Nase im Wind.

Gerhard Kremers Eltern starben früh. Ein Onkel nahm sich seiner an und vermittelte ihm eine umfassende humanistische Ausbildung. Der heranwachsende Junge entdeckte seine Liebe zum Zeichnen und Illustrieren und auch zur Mathematik, was nicht unwichtig war. Aus dem jungen Wissenschaftler sollte der erfolgreichste Kartograf seiner Zeit werden.

Die erste Karte, die Gerhard Kremer entwarf, stellte das Heilige Land dar und wurde sogleich ein großer Erfolg. Sein beginnender Ruf aber schützte ihn nicht vor Nachstellungen. Man warf ihm vor, mit der neuen lutherischen Lehre zu sympathisieren; acht bittere Monate musste er im Gefängnis sitzen und nur der Protektion guter Freunde ist es zu verdanken, dass ihm nichts Schlimmeres passiert ist.

Möglicherweise waren diese Erfahrungen der Grund, weshalb sich Gerhard Kremer nach einer neuen Heimat umsah, auch die fehlende berufliche Perspektive an der Universität Löwen mag eine Rolle gespielt haben. Im März 1552 zog der Kartograf in das Heimatland seiner Eltern und ließ sich in Duisburg nieder. Wie es sich für einen anständigen Humanisten gehörte, hatte er seinen Namen latinisiert und nannte sich fortan Mercator.

Mercators erstes größeres Werk, das er in Duisburg vollendete, war eine Wandkarte von Europa. Es besaß die beeindruckende Größe von anderthalb Metern zum Quadrat. Kleine Details am unteren Bildrand bezeugen das Spannungsverhältnis zwischen wissenschaftlichem und religiösem Weltbild: Geografen konnten mit Hilfe eines Stechzirkels Distanzen abmessen, bibeltreue Christen die Reisen der Apostel Petrus und Paulus nachvollziehen.

Die flächentreue Abbildung mittels Kegelprojektion war epochal. Der Kaiser persönlich schützte die Karte für zehn Jahre vor jedem unbefugten Nachdruck. Jeder, der es sich leisten konnte, wollte Mercators Karte besitzen. Der Kartograf wurde ein reicher und geachteter Mann und konnte sich ein repräsentatives Haus in Duisburg bauen.

Nach Europa wandte sich Mercator der Erdkugel zu. Wie stellt man auf sinnvolle Weise ein dreidimensionales Gebilde auf zweidimensionalen Karten dar? Mercator entschied sich dafür, die Meridiane als parallele, senkrechte Geraden zu zeichnen, die an den Polen nicht zusammenlaufen. Die Abstände der Breitenkreise hingegen nahmen vom Äquator zu den Polen zu. Damit war die Karte winkeltreu, jeder Seefahrer konnte den Kurs direkt auf der Karte ablesen, ein unschätzbarer Vorteil. Dieses Vorgehen ging als Mercator-Projektion in die Geschichte ein, sie wird heute noch verwendet.

Nicht jeder hatte jedoch genügend Platz, sich die Weltkarte an die Wand zu hängen. Auch diese Kunden konnte man befriedigen. Zu einem Buch gebunden ließen sich die Landkarten ebenfalls erwerben: der erste Weltaltlas der Geschichte.

Mercators Karten sind nicht nur technische Meisterleistungen, sie erfreuen durch ihre Kunstsinnigkeit zudem das Auge; noch heute macht es Spaß, in seinen Atlanten zu blättern, auch oder vielleicht gerade weil manche Weltgegenden früher auf gänzlich andere Weise abgebildet worden sind. 1594 starb Gerhard Mercator hochgeachtet in Duisburg, in der Salvatorkirche befindet sich sein Grab.

Wir haben lange geblättert, bis wir unseren Lieblingsfluss schließlich gefunden haben. Nicht nur den Nil und den Amazonas hat Mercator gezeichnet, auch die Emscher schlängelt sich über eine seiner Karten, natürlich noch mit ihrer ursprünglichen Mündung bei Meiderich, das Mercator »Meyderick« schreibt.

Mit stilisierten Stadtansichten versehen, finden sich in Original-Schreibweise Dortmund, Castorp und auch Grimberg. – Grimberg! Wir erinnern uns an die noch erhaltene Schlosskapelle, die man nach Herten transloziert hat. Grimberg liegt an der Mündung eines namenlosen Flüsschens, das von »Boeckum« kommt, worunter wohl Bochum zu verstehen ist. Weil Mercator Grimberg erwähnt hat, ist auch die Ehre Gelsenkirchens wiederhergestellt, auf dessen Hafengebiet ja die Kapelle gestanden hat.

Am Mercatorbrunnen vor dem Rathaus am Burgplatz

Auch Horst und Boer finden sich auf Mercators Karte (Gelsenkirchen-Buer?), außerdem Bortorff (Bottrop?) und Overhuesen. Gut erkennbar sind auch die politischen Grenzen jener Zeit, grün eingefärbt das Herzogtum Cleve, das den Unterlauf der Emscher aufnimmt, in heller Farbe das Vest »Reclinchusen« mit der Emscher als südliche Grenze.

Ein weiterer Künstler darf nicht verschwiegen werden, wenn man im Mündungsgebiet der Emscher unterwegs ist. Hat Gerhard Mercator die Kunst verstanden, Dreidimensionales auf geniale Art zweidimensional darzustellen, so ist es Wilhelm Lehmbruck gelungen, die drei Dimensionen noch durch eine vierte zu bereichern.

Wilhelm Lehmbruck

Ist es Zufall, dass nicht wenige Bildhauer an der Wende vom 19. zum 20. Jahrhundert Väter besitzen, die im Bergbau ihr Brot verdienen? Wie der Vater von Henry Moore oder Hans Uhlmann ist auch der Vater von Wilhelm Lehmbruck Kumpel, fährt jeden Tag in den Berg ein, um seine neunköpfige Familie zu ernähren. Oft verlässt sein Sohn Wilhelm die Meidericher Bergarbeitersiedlung, um sich Gipsabfälle zu besorgen und daraus Skulpturen zu schnitzen. Fotografien bekannter Denkmäler reichen ihm aus, diese plastisch nachzugestalten. Sein Lehrer erkennt sein Talent. Man legt zusammen, um dem begabten Schüler ein Studium an der Kunstgewerbeschule in Düsseldorf zu finanzieren.

Schon bald entstehen erste beeindruckende Werke, Plastiken von großer Geschlossenheit und Ausdruckskraft. Wilhelm Lehmbruck konzentriert sich auf das Modellieren von Menschen. Auch die Arbeitswelt, in der er aufgewachsen ist, beschäftigt ihn. »Schlagende Wetter«, das Modell für eine

Großplastik, stellt die Gefahren dar, unter denen die Kumpel arbeiten müssen. Auch ein Kumpel bei der Arbeit entsteht, vielleicht soll der Bergarbeiter den Vater darstellen.

Von Düsseldorf führt Wilhelm Lehmbrucks Weg weiter nach Paris, dem Zentrum für bildende Künstler. Seine Frau, die ihm immer wieder Modell steht, begleitet ihn; drei Söhne werden dem Paar geboren. In Paris findet der Duisburger zu seinem eigenen Stil. Die Kniende entsteht, der Steinguss einer lebensgroßen Frau. Als ihn der einflussreiche Kunstkritiker Meier-Graefe besucht, ist dieser entsetzt: »Meine Enttäuschung kannte keine Grenzen. Da hatte einer das Glück, die Gelassenheit der Antike zu erwischen, und gab es für einen originellen Einfall hin.« In seinem Ärger nennt Meier-Graefe die Figur »gotisch«, zerschnitt sie doch wie ein steiles Riff die Luft.

Kaum aber hatte er das Atelier verlassen, ging ihm Die Kniende nicht aus dem Kopf, und er kehrte zurück. »Man muss die kniende Gestalt des Öfteren sehen, um die Sprache der Glieder, der erhobenen Hand, die gleich einer fünfstängeligen Blüte wächst, der anderen ruhenden und in der Ruhe atmenden Hand auf dem weit hinausragenden Schenkel und des Fußes, der bis in die Ewigkeit zurückflüchtet, um die Sprache des demütig geneigten Kopfes zu vernehmen.«

Ausstellung folgte bald auf Ausstellung, bei allen namhaften Kunstpräsentationen ist der Bergarbeitersohn aus dem Ruhrgebiet vertreten und findet große Anerkennung.

Dann jedoch bricht der Erste Weltkrieg aus. Wilhelm Lehmbruck muss Paris Hals über Kopf verlassen. Wie so viele andere gerät er zwischen die Mühlsteine der Politik. Für den sensiblen Künstler, der zu Depressionen neigt, bedeutet der Krieg die Katastrophe. Die Erschütterungen der Zeit erschüttern auch sein Gemüt. Zwar braucht er die Schrecken des Ersten Weltkriegs nicht als Soldat zu erleben, als Helfer am Duisburger Bahnhof aber muss er mitanpacken, um die grausam verstümmelten Opfer auszuladen, die der Krieg ins Land spült.

Als Künstler hat er es verstanden, jede seiner Skulpturen zu vervollkommnen, perfektionistisch bis zum letzten Handgriff. Was aber nun? Was mit den Verstümmelten, was mit all den fehlenden Händen, Armen, Beinen? Was mit dem Schmerz um die vielen gefallenen Freunde und Künstlerkollegen, darunter August Macke und Franz Marc? Unzählige Tote auch auf Seiten der Franzosen, denen er sich doch so verbunden fühlt.
Wilhelm Lehmbruck taumelt. Er steckt sich mit Syphilis an, wohl bei einer Prostituierten, spürt die Angst in sich aufsteigen, niemals wieder zu gesunden, setzt seine verzweifelte Hoffnung in eine junge Schauspielerin, die ihm Modell sitzt, glaubt, nur ihre Jugend und Unschuld könne ihn erlösen, und nichts anderes. Als die 19-Jährige auf seinen Hilfeschrei nicht reagiert, setzt er seinem Leben in seinem Berliner Atelier ein Ende.
Jahre später lässt ihn seine Frau umbetten und in Duisburg begraben. Sein Sohn Manfred entwirft dort einen zeitgemäßen Museumsbau, der 1964 eingeweiht wird, das erste spezifische Skulpturenmuseum des 20. Jahrhunderts in Deutschland. Eine Auswahl aus dem Werk seines Vaters ist in Duisburg bis heute zu bewundern. Wilhelm Lehmbruck, der der Kunst mit seinen beseelten Skulpturen eine vierte Dimension geschenkt hat.

Die Brahmsche Windmühle und Emscherschafe

Die Alte Emscher, die Kleine Emscher, die Neue Emscher – im Grenzgebiet zu Duisburg emschert es lustig vor sich hin. Wir folgen natürlich der modernsten Variante. Wegen einer erneuten Baustelle, die uns zu einem kleinen Umweg zwingt, kommen wir nach Holten, was sich als Glücksfall erweist, denn plötzlich steht ein hochinteressantes historisches Gebäude am Wege.

Die Brahmsche Mühle am Rande des ehemaligen Bruchlandes der Emscher drehte sich von 1838 bis 1915, dann

Windmühle an der Emscher: historische Energie oder topmoderne?

betrieb man sie nicht mehr mit Wind, sondern mit Kohle. Hätte man damals schon konsequent auf den Ausbau erneuerbarer Energien gesetzt, hätte es das Ruhrgebiet nie gegeben, und viele Millionen Tonnen CO_2 wären in Kohle gebunden für immer in der Erde geblieben.

Ironie des Schicksals: Mit dem Verschwinden der Kohle kommt der Wind wieder zum Einsatz, natürlich in moderneren Anlagen, aber immer noch nach dem alten Prinzip. An die 40 Prozent des deutschen Stroms wird jetzt wieder durch nachhaltige Energieträger produziert, fast wie vor Beginn des Industriezeitalters. Die Brahmsche Mühle ist eines der allerältesten Industriedenkmäler im Ruhrgebiet und zugleich eines der besonders zukunftsweisenden.

Ein weiteres Symbol der Energiewende steht auf dem ehemaligen Mühlplatz, eine wunderbar verbeulte alte Tankstelle. Auch die Tankstelle wird bald zur Industriekultur zählen, Steckdosen werden den Platz der Zapfsäulen einnehmen.

Auf einen Schlenker zum Kastell Holten und zum Revierpark Mattlerbusch, dem vielleicht englischsten Garten an der Emscher, müssen wir leider verzichten, mit Macht zieht es unsere Räder zur Mündung, zum Rhein.

Die nächste Brücke über die Emscher wäre völlig unspektakulär, stünden da nicht die seltsamen Brückenwächter. Sie sehen aus wie überdimensionale *Mensch-Ärgere-Dich-Nicht-*Figuren; ganz in Blau gekleidet, wurden sie mit Graffiti verziert. Vielleicht sind es ja Emscher-Ärgere-Dich-Nicht-Figuren, denn eigentlich ist es ja der Fluss, der Grund zum Ärgern gehabt hätte. Der Ärger der Emscher aber wird nun bald verklungen sein, gibt sich der Mensch doch redlich Mühe, die Fehler der Großvätergeneration wieder auszubügeln. Der wunderschön blühende Weißdorn am Wege steht symbolisch für diese Wandlung.

Emscherschäume

Kurz darauf geraten die nächsten Faultürme in unseren Blick, des letzten der Big-Five, der großen neuen Emscherklärwerke. So ganz klar aber ist das Wasser hinter dem Klärwerk noch nicht, im Gegenteil, weiße Schaumkronen treiben auf den Wellen. Das muss aber nichts bedeuten, die Wasserqualität kann durchaus okay sein.

Von der Nordsee kennen wir das Phänomen. Wachsen eiweißreiche Pflanzen in den Fluten, kann das Wasser gelegentlich zum Schaumschläger werden. Und siehe: Bald schon lösen sich die Schaumwolken auf, und die Emscher wird wieder glasklar. Einen Trimm-dich-Pfad mit wahren Folterinstrumenten hat man am linken Ufer angelegt, am Rande einer begrünten Halde. Was mag sich in ihrem Inneren befinden? Abraum aus dem Bergbau oder simpler Müll?

Wenig später grast eine Herde Schafe am steilen Uferhang. Wer die Schmähung »dummes Schaf« nur erfunden hat? Schafe sind keine IQ-reduzierten Grasfresser, sondern intelligente Landschaftspfleger, welche die Deiche vor Verbuschung schützen und damit den Menschen vor Hochwassern. Der Schäfer steht am Zaun, wie Schäfer so am Zaun stehen: tiefenentspannt. Sein Hütehund ist deutlich aktiver, läuft von einem Ende der Herde zum anderen und sorgt für Ordnung. Die Emscher scheint tatsächlich wieder sauber zu sein, manche Schafe trauen sich dicht an ihre Ufer, sehr dicht sogar!

»Ist Ihnen noch kein Schaf in die Emscher geplumpst?«, wollen wir wissen.

»Doch, doch«, sagt der gemütliche Schäfer.

»Springen Sie dann hinterher?«

Der Schäfer muss lachen: »I wo! Die schaffen's von allein wieder an Land.«

Sportliche Tiere.

Nur nicht reinfallen!

Zur Mündung bei Dinslaken

Der eigentliche Ruhrpott liegt nun hinter uns, wir radeln durch die niederrheinische Tiefebene. Baumreihen zieren nun die Emscherufer, ein wahrhaft idyllisches Bild, fast wie in Worpswede.

Vielleicht ist die Emscher mehr als nur ein renaturiertes Flüsschen, vielleicht steht sie für eine neue Zeit. Vielleicht besinnt sich der Mensch ja tatsächlich, hält inne in seinem Bestreben, die Natur auszubeuten, versucht, die geschlagenen Wunden wieder zu heilen. Zurück zum Ursprung, das allerdings wird eine Illusion bleiben, das wird nicht funktionieren, und doch: Beweist nicht die Emscher, dass selbst die schlimmsten Umweltverbrechen gesühnt werden können?

Schön wär's, doch die Skepsis überwiegt. Nicht der Einsicht der Menschen hat die Emscher ihre Rettung zu verdanken, sondern einzig und allein dem Umstand, dass es wirtschaftlich im Revier nichts mehr zu holen gab. Das Aus für die Kohle war der Start für die Renaturierungsaktion.

Und dieses Gesetz wird überall auf der Welt weiter Bestand haben: Solange es sich wirtschaftlich lohnt, die Erde zu plündern, solange wird man sie weiter ausbeuten. Erst wenn sie ihre letzten Schätze hergegeben hat, lässt man die Natur wieder Natur sein – oder das, was von ihr übrig bleibt.

Die Türme von Dinslaken gleiten an uns vorbei, nun kann es nicht mehr weit sein, und tatsächlich: »Emschermündung 0,8 Kilometer« meldet der Wegweiser. Wir durchqueren noch mal eine kleine Siedlung, dann geht's wieder hoch zum Deich. Ein letztes Sperrwerk liegt vor uns, ein letztes Mal lässt sich die Emscher bei Hochwasser stauen.

Auf dem Weg zu Vater Rhein

Hinein in den Rhein!

In dem breiten Abschnitt vor der Sperre schwimmen unzählige Vögel auf den Wellen, viele Möwen sind darunter. Also muss es hier etwas zu fressen geben, Fische vielleicht sogar?

In den grünen Mündungsauen sind große Bagger aktiv. Eine Bautafel erklärt uns den Grund. Auf einem überdimensionalen Foto sehen wir ein richtiges Mündungsdelta mit Inseln und Stromschnellen. Wieder bekommt die Emscher eine neue Mündung, die vierte nun schon, ein paar Hundert Meter rheinabwärts. Dann wird nicht mehr Dinslaken, dann wird Voerde der neue Mündungsort sein. Hierdurch wird die Emscher barrierefrei, Fische können ungehindert zum Rhein.

Zum Rhein! Da liegt er ja schon! Deutschlands größter Strom, nirgends in Deutschland ist er breiter als hier. Die Em-

Zukunftsvisionen …

Die Mündung in den Rhein

scher nimmt er mit freundlicher Lässigkeit in seine Arme, kein Wunder, die Sammlerin aller Köttelbecken stinkt ja nicht mehr.

Nun kann sie dem Rhein helfen, die mächtigen Schiffe zu stemmen, die auf ihm entlanggleiten, hinunter zur Nordsee. Dutzende von gelb-grünen Traktoren und weißen Transportern sehen wir auf einem Kahn, ein ganzes Parkhaus voller Autos auf dem nächsten, einer scheint sogar mit Kohle beladen.

Die Kohle war ihr Schicksal, so könnte ein Buch über die Emscher heißen. Der Pott und die Emscher – eine spannende, nicht immer ganz saubere Geschichte hat ein neues Kapitel aufgeschlagen. So viel Kunst, so viel Geschichte, so viele interessante Menschen, so viele höchst unterschiedliche Landschaftseindrücke auf nur knapp 100 Flusskilometern: Die Emscher ist etwas für Entdecker!

Wir bleiben noch ein Weilchen stehen und schauen zu, wie sich die Wellen vereinigen. Unsere Tour ist zu Ende. Fast schade. Hat uns beiden Emscherlingen viel Spaß gemacht.

Die Emscher ist ein Fluss, den man unbedingt im Team bereisen sollte. Wie hat es noch Helmut Bracht, einst Fußballer vom BVB, in seinem wunderbaren Ruhrsprech auf den Punkt gebracht? »Allein bist du eine Pflaume!«

Nachtrag I: lecker Kuchen im Hof Emschermündung

Zum Schluss unserer Reise kehren wir noch im Hof Emschermündung ein. Wir haben Glück. An den Wochenenden wird er von einem Team engagierter Frauen aus der Nachbarschaft bewirtschaftet. Wir setzen uns in das kleine Café, bewundern die hübsch geschneiderten und mit Häkelbändern versehenen Patchworkdeckchen. »Die hab ich gemacht«, verrät uns eine der Emschermündungsdamen, als sie uns Kaffee und Kuchen bringt. Auch der Kuchen ist aus

Kuchen im Hof Emschermündung

eigener Herstellung, ihn hat ihre Kollegin gezaubert. Rainer fragt, ob man die Tischdeckchen kaufen kann. Aber klaro! Er teilt ihr seine Adresse mit, in wenigen Wochen wird geliefert, verspricht uns die Hobbyschneiderin.

Und noch ein Emschermündungsprodukt sticht uns ins Auge. Emscherhonig aus eigener Imkerei! Die Stöcke stehen draußen im Garten, wo Blumen blühen und Gemüsebeete angelegt sind. Natürlich müssen wir ein Glas erstehen! Wo Bienen fliegen, ist die Natur intakt. Kann es einen besseren Beweis dafür geben, dass die Emscher wieder lebt?

»Sogar Fische jibbet wieder inne Emscher«, berichtet uns die Schneiderin, »eine kleine Sensation. Sie lebt noch, die Emschergroppe.«

»Emschergroppe?«

»So 'n klener Fisch. Man jlaubt es nich', er hat die janzen Drecksjahre überlebt, versteckt im Quellbereich vonner Köttelbecke. Nun schwimmt er wieder munter herum.«

»Bekommt man den Fisch auch bei Ihnen serviert?«

Die Dame sieht uns streng an. »Der ist doch viel zu kleen zum Kochen!«

Sie hat recht, uns zu tadeln. Man darf die Natur nicht nach ihrem Nutzwert beurteilen – oder doch nicht ausschließlich. Die Emschergroppe soll leben! Sie ist das tapferste Tierchen des Emscherlandes. Sollte einmal ein Wappentier für den Ruhrpott gesucht werden, käme neben dem Emscherbrücher Pferdchen an erster Stelle die Emschergroppe infrage. Sie ist der wahre Herkules, auch ohne Keule.

Nachtrag II: das Revierderby

Vom Ergebnis des Revierderbys erfuhren wir auf unserer Heimfahrt: Schalke gewann beim BVB mit 4:2.

Nachtrag III: ein hübsches Souvenir

Die bestellten Patchworkdeckchen von der Emschermündungsdame wurden zuverlässig geliefert und zieren nun bayerische Tische.

Weil wir entlang der Emscher keine Soleier gefunden haben, wurden diese daheim nachgekocht. Ein Gedicht!

EMSCHER
GENOSSENSCHAFT
Emscher-Gold
vom Hof Emschermündung

Praktische Hinweise

Praktische Hinweise

Anreise zur Quelle

Bahn:

Der nächstgelegene Bahnhof, Holzwickede, ist hervorragend zu erreichen:

- mit der Regionalbahn Dortmund–Soest (RB59) mit Zusteigemöglichkeiten u. a. in Unna und Werl
- mit dem Regionalexpress Hamm–Venlo (RE13) mit Zusteigemöglichkeiten u. a. in Schwerte, Hagen, Wuppertal, Düsseldorf, Neuss, Mönchengladbach und Viersen
- mit dem Rhein-Münsterland-Express (RE7) mit Zusteigemöglichkeiten u. a. in Münster, Hamm, Schwerte, Wuppertal, Solingen, Köln Messe/Deutz, Köln Hbf, Dormagen, Neuss

Auto:

Wer seine Räder mit dem Auto transportiert, für den bieten sich als Ziel Parkplätze in Holzwickede in Bahnhofsnähe an (zahlreiche Möglichkeiten vorhanden, so sie nicht von Fluggästen belegt sind, die einen kostenlosen Parkplatz schätzen). Wer direkt zur Quelle vorfahren möchte, der gebe die Adresse des *Emscherquellhofs* ein:
Quellenstraße 2, 59439 Holzwickede.

Flughafen:

Kein Witz! Die Emscherquelle lässt sich im Flug erreichen. Vom Airport Dortmund sind es nur drei Kilometer bis zur Quelle. (Der Flughafen liegt an der Stadtgrenze zu Holzwickede.)

Rückreise (ab Emschermündung in den Rhein)

Bahn:
ab Bahnhof Dinslaken:
- mit dem Rhein–IJssel-Express (RE19) Arnheim (Niederlande) – Düsseldorf Hbf, Zwischenhalt u. a. in Oberhausen und Duisburg)
- mit dem Rhein-Ruhr-Express (RE5) Emmerich–Koblenz, Zwischenhalt u. a. in Oberhausen, Duisburg, Düsseldorf, Köln, Bonn und Koblenz
- mit dem Regionalexpress 49 (RE49) Wesel–Wuppertal, Zwischenhalt u. a. in Oberhausen, Mülheim und Essen

Wer zum Ausgangsort Holzwickede zurückreisen will, etwa weil dort sein Auto steht, kann mit Umsteigehalten in Oberhausen und Dortmund oder mit nur einmaligem Umsteigen in Düsseldorf sein Ziel in weniger als 2 Stunden erreichen, wodurch man berechtigt ist, das verbilligte 2h-Ticket des VRR zu nutzen (plus FahrradTagesTicket NRW 5 Euro).

Fahrtunterbrechungen/Teilstücke

Sie wollen nur ein Teilstück des Emscher-Radwegs radeln? Kein Problem. Entlang des gesamten Streckenverlaufs gibt es Bahnhöfe für die An- und Abreise. Hier werden die wichtigsten genannt, von der Quelle bis zur Mündung:

Holzwickede, Dortmund-Sölde, Dortmund-Aplerbeck, Dortmund-Hörde, Dortmund Hbf, Dortmund-Signal-Iduna-Park, Dortmund-Dorstfeld, Dortmund-Mengede, Castrop-Rauxel, Herne, Recklinghausen, Recklinghausen-Süd, Wanne-Eickel, Bottrop Hbf, Bottrop-Vonderort, Gelsenkirchen Hbf, Gelsenkirchen-Zoo, Gelsenkirchen-Buer Süd, Oberhausen-Osterfeld Süd, Oberhausen Hbf, Oberhausen-Sterkrade, Holten.

Aber auch zahlreiche Straßen- und U-Bahnen nehmen Ihren Drahtesel gerne mit.

Radverleih

Wer sich ein Rad ausleihen möchte, dem können zahlreiche Anbieter weiterhelfen; zwei Adressen seien genannt:

- Revierrad. Zahlreiche Standorte und Lieferung zu jeder gewünschten Adresse: *www.revierrad.de* (mindestens fünf Tage vorher reservieren), große Radauswahl, auch Tandems, Anhänger und E-Bikes. Einweg-Miete zwischen den Stationen möglich.
- Metropolradruhr. Ebenfalls zahlreiche Standorte im Ruhrgebiet. Mit einem Account können bis zu vier Räder gleichzeitig ausgeliehen werden. Einweg-Miete und Abgabe bei einer anderen Station möglich. *www.metropolradruhr.de*

Unterkünfte

Auch hier gilt: Ein solch intensiv bewohntes Stückchen Erde wie der Ruhrpott bietet auch genügend Gästebetten. Wir müssen uns auf eine Auswahl beschränken. Weitere Unterkünfte, speziell für Radler, finden sich unter:
www.radrevier.ruhr (> Bett + Bike)

Holzwickede (Quellnähe):

Hotel Lohenstein
3 Sterne, bahnhofsnah, kostenfreie Parkplätze, besonders preiswerte Zimmer mit Gemeinschaftsbad.
Hauptstraße 21, 59439 Holzwickede, Tel. 02301-913030
info@hotel-lohenstein.de, www.hotel-lohenstein.de

Ibis Budget Dortmund Airport
Wilhelmstr. 18, 59439 Holzwickede
Tel. 02301-2252, www.accorhotels.de

Tipp: *Katholische Akademie Schwerte.* Das architektonisch reizvolle Bildungshaus des Erzbistums Paderborn hat seine Türen auch für Individualreisende geöffnet. Trotz seiner verkehrsgünstigen Lage nahe der A1 liegt es idyllisch und ruhig am Schwerter Wald. Die preiswerten Zimmer sind frisch renoviert, das Frühstücksbüfett ausgezeichnet. Gerne kann man sich auch auf die großzügige Terrasse setzen.

Fernseher sucht man in den Zimmern vergeblich, dafür gibt es jede Menge Kunst zu bewundern (regelmäßige Wechselausstellungen). In der hauseigenen Kapelle kann man sich kontemplativ auf die Reise einstimmen. Radfahrern bietet man eine geschützte Garage an, sein Auto darf man als Gast gerne bis zur Rückfahrt parken. Die Emscherquelle erreicht man mit dem Rad über ruhige Straßen in 20 Minuten.

Bergerhofweg 24, 58239 Schwerte, Tel. 02304-477-0
www.akademie-schwerte.de, info@akademie-schwerte.de

Unterwegs:

Links und rechts der Emscher finden sich überall Unterkünfte für jeden Geschmack und Geldbeutel. Sie alle aufzuzählen würde den Rahmen des Buches sprengen. Wir beschränken uns auf Tipps für besonders originelle Hotels.

Vienna House Easy Castrop-Rauxel
Das moderne Hotel (mit Sauna und Fitnessraum) bildet das Entrée für das historische Herrenhaus Goldschmieding, in dessen schönem Park man moderne Kunst bewundern kann. Im Herrenhaus wird in einem imposanten Kaminzimmer

gespeist, man bekommt einen schönen Eindruck vom Lebensstil der einstigen Koksbarone.
Dortmunder Straße 55, 44575 Castrop-Rauxel
Tel. 02305-3010, info.easy-castroprauxel@viennahouse.com
www.vienna-house.de

Parkhotel Schloss Engelsburg Recklinghausen
Im Herzen der Altstadt liegt das Haus mit über 300-jähriger Geschichte. Etwas für Nostalgiker, die die Annehmlichkeiten der Moderne aber nicht verschmähen.
Augustinessenstr. 10, 45657 Recklinghausen
Tel. 02361-201-0, info@engelsburg.bestwestern.de
www.parkhotel-engelsburg.de

Heiners's Parkhotel Gelsenkirchen
Stylische Modernität auf dem Gelände der Zeche Nordstern. Auch das getestete Restaurant kann sehr empfohlen werden. Es wurde 2019 mit dem Gastronomiepreis ausgezeichnet. Bei warmem Wetter lockt ein großer Biergarten.
Am Bugapark 1d, 45899 Gelsenkirchen, Tel. 0209-1772-222
www.heiners.info, info@heiners.info

Parkhotel Oberhausen
4 Sterne. Eleganter Luxus in grüner Umgebung.
Teutoburger Straße 156, 46119 Oberhausen
Tel. 0208-69020, info@parkhotel-oberhausen.de
www.parkhotel-oberhausen.de

Hotel zum Rathaus Oberhausen
Zentral im alten Zentrum gelegener Gründerzeitbau. Freundlicher Empfang. Geschützter Fahrradabstellraum.
Freiherr-vom-Stein-Straße 41, 46045 Oberhausen
Tel. 0208-858370, info@hotel-zum-rathaus.com
www.hotel-zum-rathaus.com

Am Ziel in Dinslaken (Mündung):

Hotel Garni an der Eissporthalle
Gerhard Malina Straße 115, 46537 Dinslaken
Tel. 02064-42300, info@hoteldinslaken.de
www.hoteldinslaken.de

Hotel Art Inn
Bahnhofsplatz 9, Tel. 02064-4656560, 46535 Dinslaken
info@artinn-hotel.de, www.artinn-hotel.de

Hotel am Park
Familiäres Hotel zwischen Stadtpark und Altmarkt.
Althoffstr. 16, 46535 Dinslaken
Tel. 02064-601070, dinslaken@niederrhein-hotels.com
www.niederrhein-hotels.com

Hotel Zum Schwarzen Ferkel
Von der Emscherquelle aus am Ortseingang gelegen
Voerder Straße 79, 46535 Dinslaken, Tel. 02064-51120
info@hotel-stadt-dinslaken.de, www.hotel-stadt-dinslaken.de

Landhotel Galland
Ca. 3 km östlich des Zentrums
Dickerstraße 346, 46539 Dinslaken, Tel. 02064-49590
info@landhotel-galland.de, www.landhotel-galland.de

Hotel Zum Grunewald
Ca. 3 km östlich des Ortskerns gelegen
Bergerstraße 152, 46539 Dinslaken, Tel. 02064-49540
info@hotel-gruenewald.de, www.hotel-dinslaken.de

Hotel Zur Egerheide
Ca. 3 km östlich des Ortskerns gelegen

Bergerstraße 440, 46539 Dinslaken, Tel. 02064-48960
info@zur-egerheide.de, www.zuregerheide.de

Haus Eppinghoven
Mündungsnah: Rotbachstraße 140–142, 46535 Dinslaken
Tel. 02064-604050, anfrage@haus-eppinghoven.de
www.haus-eppinghoven.de

Ferienwohnung Martina Gorba
Mündungsnah: Heerstraße 84, 46535 Dinslaken
Tel. 02064-56773, martina_gorba@arcor.de
www.zimmer-dinslaken.de

Museen, Ausstellungen und andere kulturelle Highlights

Öffnungszeiten und Preise ändern sich, deshalb wird jeweils die Webseite angegeben. Lohnen kann sich die *Ruhr.Topcard*. Sie ist das ganze Jahr gültig und bietet freien oder rabattierten Eintritt in über 140 Ausflugsziele und Attraktionen: www.ruhrtopcard.de

Holzwickede
Historischer Bergbaurundweg mit interessanten Informationen zur frühen Bergbaugeschichte der Gemeinde:
ruhrgebiet-industriekultur.de/bergbaurundweg-holzwickede.html

Dortmund
Museum am Ostwall im Dortmunder U:
www.museumostwall.dortmund.de
Dortmunder U – Zentrum für Kunst und Kreativität:
www.dortmunder-u.de
Museum für Kunst und Kulturgeschichte (Goldschatz von Dortmund): *www.mkk.dortmund.de*

Naturmuseum Dortmund:
www.museumfuernaturkunde.dortmund.de
Deutsches Fußballmuseum: *www.fussballmuseum.de*
Borusseum: *www.bvb.de/Der-BVB/Borusseum*
Hoesch-Museum – Stahlgeschichte in Dortmund:
www.hoeschmuseum.dortmund.de
LWL-Industriemuseum Zeche Zollern:
www.lwl.org/industriemuseum (> Standorte)
Kokerei Hansa: *www.industriedenkmal-stiftung.de*
DASA Arbeitswelt Ausstellung: *www.dasa-dortmund.de*
Westfälisches Schulmuseum:
www.schulmuseum.dortmund.de
Brauerei-Museum: *www.brauereimuseum.dortmund.de*

Waltrop

Schiffshebewerk Henrichenburg und Schleusenpark Waltrop: *www.lwl.org/industriemuseum*
Mit der kostenlosen App für Android kann man auf eigene Faust den gesamten Schleusenpark Waltrop erkunden, spezieller Rundgang für Kinder und Entdeckerspiel.

Castrop-Rauxel

Skulpturenpark Haus Goldschmieding

Herne

Emschertal-Museum mit vier Standorten: Schloss Strünkede, Städtische Galerie im Schlosspark, Heimatmuseum Unser Fritz (Wanne-Eickel) und der Alte Wartesaal im Herner Bahnhof: *www.herne.de*

Recklinghausen

Umspannwerk Recklinghausen:
www.umspannwerk-recklinghausen.de
Kunsthalle Recklinghausen: *www.kunsthalle-recklinghausen.de*

Herten
Zeche Ewald/Besucherzentrum Hoheward:
www.hoheward.rvr.ruhr

Gelsenkirchen
Nordsternpark: *www.nordsternpark.info*
Kunstmuseum Gelsenkirchen: *www.gelsenkirchen.de*
Schalke Museum: *www.schalke04.de*
Schloss Horst: *www.schloss-horst.de*
ZOOM-Erlebniswelt – Tiere in der naturgetreuen Umgebung von Alaska, Afrika und Asien:
www.zoom-erlebniswelt.de

Bottrop
Josef Albers Museum: *www.bottrop.de*
Museum für Ur- und Ortsgeschichte: *www.bottrop.de*
Alpincenter (Skihalle): *www.alpincenter.com*

Oberhausen
Gasometer Oberhausen: *www.gasometer.de*
Ludwiggalerie im Schloss Oberhausen:
www. ludwiggalerie.de
LVR-Industriemuseum Zinkfabrik Altenberg: Hammerhart – Die Schwerindustrie an Rhein und Ruhr.
www.industriemuseum.lvr.de (Derzeit im Umbau, Wiedereröffnung für 2021 geplant), viele Exponate sind zu bewundern im Depot des LVR-Industriemuseums. Peter-Behrens-Bau, ehem. Hauptlagerhaus der Gutehoffnungshütte, schönes Beispiel für die Neue Sachlichkeit. Dauerausstellung Peter-Behrens – Kunst und Technik. Wegbereiter der Moderne.
St. Antony-Hütte: Heißes Eisen – die Geburtsstätte der Ruhrindustrie (LVR)
Museumsbahnsteig am Hauptbahnhof. Moderne Lichtinstallationen.

Duisburg
Landschaftspark Duisburg-Nord: *www.landschaftspark.de*
Innenhafen Duisburg: *www.innenhafen-duisburg.de*
Museum der Deutschen Binnenschifffahrt:
www.binnenschifffahrtsmuseum.de
Pumpwerk Alte Emscher. Führungen auf Anfrage:
www.emschergenossenschaft.de
Lehmbruck-Museum: *www.lehmbruckmuseum.de*

Dinslaken
Hof Emschermündung: *www.hof-emschermuendung.de*
Museum Voswinckelshof (stadthistorisches Museum):
www.dinslaken.de

Anschlusstouren

Wem die 101 Streckenkilometer entlang der Emscher nicht reichen, dem bieten sich attraktive Möglichkeiten, die Fahrt zu verlängern. Hier ein paar Vorschläge.

Mit dem Rheinradweg nach Xanten

An der Emschermündung bei Dinslaken angekommen, kann man dem Emscherwasser weiter folgen, indem man sich für den Rheinradweg entscheidet. Bis nach Wesel ist es nicht weit und auch nicht nach Xanten, dessen bewegte römische Geschichte man im Archäologischen Park des Landschaftsverbandes Rheinland anschaulich präsentiert bekommt. Und die Niederlande als Radlerparadies liegen gleich um die Ecke …

Rundreise entlang von Rhein und Ruhr zurück zur Emscherquelle

Statt den Rhein hinab, kann man dem Rheinradweg natürlich auch stromaufwärts folgen und in Duisburg auf den schönen

Ruhrradweg abschwenken. Man wird überrascht sein: Entlang der Ruhr bekommt man vom Ruhrgebiet nur wenig mit. Landschaftlich reizvolle Ziele wie der Baldeneysee mit der Villa Hügel oder der Hengsteysee mit der Hohensyburg liegen am Wege. Hinter Schwerte gelangt man nach wenigen Kilometern über Hengsen und das Haus Opherdicke zurück zur nahen Emscherquelle.

Abstecher nach Bochum

Vom Gelsenkirchener Hafen kann man in südlicher Richtung die historische Erzbahntrasse befahren. Mit ihr gelangt man auf spektakulären Wegen ins nahe Bochum, wo das Bergbaumuseum, die Jahrhunderthalle und das Zeiss Planetarium locken. Über die Krey-Wanner-Bahn, den Zollvereinweg und den Nordsternweg gelangt man zurück nach Gelsenkirchen und zum Emscherweg. Unbedingt Halde Rheinelbe und vor allem die Zeche Zollverein (UNESCO-Welterbe) anschauen!

Anhang

Das Grubenpferd (Paul Zech)

So schwarz weint keine Nacht am schwarzen Gitter
wie in dem schwarzen Schacht das blinde Pferd.
Ihm ist, als ob die Wiese, die es bitter
in jedem Heuhalm schmeckt, nie wiederkehrt.

Es wittert durch das schwarze Fleisch der Steine
den Tod und sieht ihn mit den toten Augen an
und ist die ganze Nacht mit ihm alleine
und geht nur widerwillig im Gespann.

Der Knabe, der es durch die Gänge treibt,
will es mit Brot und Zucker fröhlich machen.
… es kann nicht mehr wie andre Pferde lachen,
in seinen Augen bohrt die schwarze Nacht und bleibt.

Nur manchmal, wenn vermengt mit Harz und Laub
waldfrisches Holz dort unten in der Grube landet,
reißt es, von Wahnsinn jäh umbrandet,
den Schädel hoch und stampft die Menschen in den Staub.

Im Berg, die schwarze Wetternacht
schlägt Funken aus den Hufen,
und ehe noch die Notsignale rufen,
hat sich das blinde Pferd verhundertfacht.

Und poltert durch das schwarze Labyrinth
und stürzt im Fliehn die tiefe Felsentreppe
herab und wiehert durch die grüne Steppe,
auf der die toten Pferde mächtig sind.

Literatur

Auffermann, Uli: *Rhein-Herne-Kanal – Ahoi! Lexikon mit über 450 Stichwörtern,* Semann Verlag, Bochum 2014

Boldt, Kai-Wilhelm u. Gelhar, Martina: *Das Ruhrgebiet,* Wissenschaftliche Buchgesellschaft, Darmstadt 2008

Dickau, Otto u. Eger, Christoph (Hg): *Emscher. Beiträge zur Archäologie einer Flusslandschaft im Ruhrgebiet,* Aschendorff, Münster 2014

Ganser, Karl: *Liebe auf den zweiten Blick. Internationale Bauausstellung Emscher Park*, Harenberg, Dortmund 1999

Gorzny, Klaus u. Marlori, Claas: *Burgen, Schlösser und Adelssitze im Emscher Landschaftspark*, Piccolo, Marl-Hüls 2001

Günter, Bettina (Hg.): *Alte und Neue Industriekultur im Ruhrgebiet*, Klartext Verlag, Essen 2010

Hasselberg, Tanja: *Parks und Gärten auf Brachen. Umnutzung industrieller Flächen im Ruhrgebiet*, Wernersche Verlagsgesellschaft, Worms 2011

Horst, Thomas: *Die Welt als Buch. Gerhard Mercator und der erste Weltatlas,* Faksimile Verlag, München 2012

Huske, Joachim: *Die Steinkohlezechen im Ruhrrevier. Daten und Fakten von den Anfängen bis 1997*, Deutsches Bergbau-Museum, Bochum 1998

Jourda, Francoise-Helene u. Hegger, Manfred: *Mont-Cenis. Lebendige Architektur*, Müller und Busmann, Wuppertal 2003

Kierdorf, Alexander: *Das Pumpwerk Alte Emscher Duisburg, Bundesingenieurkammer*, Berlin 2013

Moll, Michael: *Wanderlust an der Emscher,* Droste Verlag, Düsseldorf 2015

Kubiak, Achim: *Faszinierendes Ruhrgebiet. Augenblicke am Rhein-Herne-Kanal*, edition rainruhr, Essen 2009

Kurowski, Hubert: *Die Emscher. Geschichte und Geschichten einer Flusslandschaft*, Klartext, Essen 1993

Liedtke, Peter: *Skulptur Emscherpark. Ausstellungskatalog der Ludwig Galerie*, Schloss Oberhausen 2001

Prossek, Achim et. al. (Hg.): *Atlas der Metropole Ruhr,* Emons, Köln 2009

Prüß, M.: *Die Emscher-Kläranlage bei Essen-Karnap*, Gesundheits-Ingenieur, Berlin 1929

Regionalverband Ruhr (Hg.): *Unter freiem Himmel. Under the Open Sky. Emscher Landschaftspark*, Birkhäuser, Basel 2010

Reicher, Christa u. Schauz, Thorsten: *IBA Emscher Park. Die Wohnprojekte 10 Jahre danach*, Klartext, Essen 2010

Reitzenstein, Ursula: *Das Ruhrkohlengebiet im Vest Recklinghausen zwischen Emscher und Lippe*, Geographisches Institut der Universität Köln, Köln 1953

Schmidt-Rutsch, Olaf: *Von der Schlagader des Ruhrgebiets zum Kulturkanal: 100 Jahre Rhein-Herne-Kanal*, in: *Märkisches Jahrbuch für Geschichte 114*, Klartext, Essen 2015, S. 78–102

Sondermann, Dirk (Hg): *Emschersagen. Von der Mündung bis zur Quelle*, Henselowsky Boschmann, Bottrop 2017

Viehweger, Wolfgang: *Spur der Kohle: Europa in Herne und Wanne-Eickel*, Frischtexte Verlag, Herne 2000

Volksbund deutscher Kriegsgräberfürsorge (Hg): *Buch der Erinnerung: Die ins Baltikum deportierten deutschen, österreichischen und tschechoslowakischen Juden*, K.G. Saur Verlag, München 2003